Ateliers
RENOV'LIVRES S.A.
2002

L'HYGIÈNE

DANS LA

VILLE DE ROME

ET DANS LA CAMPAGNE ROMAINE

PAR

LE Dr PIETRO BALESTRA

MEMBRE DES CONSEILS SANITAIRES PROVINCIAUX ET COMMUNAUX

TRADUIT DE L'ITALIEN

PARIS

G. MASSON, ÉDITEUR

LIBRAIRE DE L'ACADÉMIE DE MÉDECINE

PLACE DE L'ÉCOLE DE MÉDECINE

L'HYGIÈNE

DANS LA

VILLE DE ROME

SCEAUX. — IMP. M. ET P.-E. CHARAIRE.

L'HYGIÈNE

DANS LA

VILLE DE ROME

ET DANS LA CAMPAGNE ROMAINE

PAR

LE Dr PIETRO BALESTRA

MEMBRE DES CONSEILS SANITAIRES PROVINCIAUX ET COMMUNAUX

TRADUIT DE L'ITALIEN

PARIS

G. MASSON, ÉDITEUR

LIBRAIRE DE L'ACADÉMIE DE MÉDECINE

PLACE DE L'ÉCOLE DE MÉDECINE

1876

LE TRADUCTEUR AU LECTEUR

*Quel voyageur en Italie n'a pas eu à redouter les funestes effets de l'*aria cativa, *de la* mal'aria, *qui ont fait depuis longtemps à quelques parties de ce beau pays une si triste renommée sanitaire? Horace parlant de certains mois de l'année dit :*

Adducit febres et testamenta resignat.

On rapporte que saint Pierre Damien, écrivant dans le XIe *siècle au pape Nicolas II, lui faisait dans les termes suivants la peinture de l'état sanitaire de Rome :*

Roma, vorax hominum, domat ardua colla virorum.
Roma, ferax febrium, necis est uberrima frugum.
Romanæ febres stabili sunt jure fideles[1]. »

Et cependant le charme de ces belles contrées est tel que l'on désire les parcourir, et que les ayant déjà visitées on y revient encore avec bonheur.

J'étais donc en Italie, il y a quelques mois, et l'on y parlait beaucoup de fièvres intermittentes et même pernicieuses, ayant eu pour cause la mal'aria, et provoquées le

1. « Rome qui dévore les hommes et courbe les têtes les plus vigoureuses, Rome fertile en fièvres, abondante en fruits de mort et à qui, par un pacte immuable, la fièvre est toujours fidèle. »

plus souvent par quelques imprudences ou par ignorance des précautions hygiéniques à observer.

C'est alors que j'eus l'occasion de lire un travail de M. le docteur Balestra[1] *sur ce sujet. A mesure que j'avançais dans cette lecture, le travail prenait plus d'ampleur; l'auteur, indépendamment des simples précautions hygiéniques qu'il conseillait, donnait à son œuvre des développements historiques et scientifiques qui en faisaient un traité complet et paraissant mériter l'attention de tous ceux qui s'occupent des questions d'hygiène publique. Aussi j'ai pensé qu'il y aurait quelque intérêt à le faire connaître :*

Intérêt pour les nombreux touristes entraînés vers Rome et l'Italie par les grands souvenirs, l'attrait des arts, la beauté des sites, la douceur du climat;

Intérêt pour les hommes spéciaux, en mettant sous leurs yeux les recherches et les travaux qui sont faits dans ce pays, et dont la connaissance peut contribuer à résoudre le problème jusqu'à présent insoluble de la mal'aria[2]*, et à resserrer les liens qui unissent les hommes de science ;*

Intérêt enfin pour l'humanité, en appelant par la pu-

1. M. le docteur Balestra a publié d'autres travaux sur ce sujet : *Recherches et expériences sur la nature et la production du miasme paludéen.* Rome, 1867; — *l'Injection sous-cutanée des préparations de quinine dans le traitement des fièvres intermittentes.* Rome, 1865; — *la Fièvre rémittente miasmatique.* Rome, 1870; — *Quelques mots sur l'assainissement de l'air dans la campagne de Rome.* Rome, 1875.

2. Quelques auteurs attribuent la mal'aria à la composition volcanique de beaucoup de localités en Italie.

blicité l'attention de tous sur des questions qui touchent à un si haut degré une population nombreuse de cultivateurs, d'ouvriers agricoles, frappés et décimés chaque année par l'influence funeste, souvent mortelle, de la mal'aria; ce que le Dante exprimait d'une manière énergique en ces termes dans un passage de son poëme du Purgatoire :

...Siena mi fe', disfecemi maremma.

Il ne suffit pas, en effet, d'être entré dans la ville de Rome et de l'avoir proclamée la capitale de l'Italie. NOBLESSE OBLIGE : *il faut maintenant que le gouvernement italien fasse pour la salubrité de Rome, de l'Ager romanus, davantage ou mieux que les gouvernements précédents*[1]. *Il faut donner la sécurité hygiénique à ce magnifique pays; il faut qu'on puisse le parcourir à l'abri de la mal'aria, aller sur les collines de Rome, sur le Pincio, admirer les splendides couchers de soleil, sans être exposé à en rapporter une fièvre pernicieuse ou seulement intermittente. Aussi nous joignons nos vœux à ceux exprimés chaleureusement par l'auteur de cet écrit pour que l'on entreprenne et mène à bonne fin les diffé-*

1. Nous rappellerons seulement les travaux entrepris déjà sous Sixte-Quint par l'établissement d'un canal de ceinture appelé *Fiume Sisto*, puis ceux exécutés par le pape Pie VI et qui avaient considérablement diminué la surface des Marais Pontins. — Ceux indiqués en 1801 dans un *motu proprio* du pape Pie VII, enfin ceux commencés pendant l'administration française sur les projets et sous la direction du savant ingénieur M. de Prony. — Nous rappellerons également les travaux exécutés dans les Maremmes de la Toscane et qui ont beaucoup assaini des localités autrefois foyer très-actif de fièvres.

rents travaux d'assainissement qui permettront d'obtenir ces résultats. — Ils seront surtout un grand bienfait pour une population nombreuse, ignorante ou insouciante des soins hygiéniques à prendre, et très-souvent privée de secours opportuns.

30 octobre 1875.

UN ADMIRATEUR DE ROME ET DE L'ITALIE.

L'auteur de cet écrit cite, dans le cours de son étude, un très-grand nombres d'autorités dont quelques-unes sont peut-être peu connues. J'ai pensé qu'il y aurait une certaine utilité à donner sur les principales quelques indications même fort réduites.

G. Brocchi, professeur de minéralogie et de géologie à l'université de Rome, où il jouissait d'une grande réputation; son principal ouvrage est intitulé : *Dello stato fisico del suolo di Roma, memorie per servire d'illustrazione alla carta geologica di questa citta.* Rome, 1820.

Pettenkoffer, médecin allemand qui a fait de nombreuses recherches sur les miasmes en général et particulièrement sur ceux du choléra.

Salisbury, médecin américain aux États-Unis, qui a fait des expériences intéressantes sur le miasme paludéen.

Safford et Berlett, médecins, ont fait des recherches sur les miasmes paludéens qui se dégagent le long du fleuve Mississipi. Voir le *Journal de médecine de Chicago*, 1874.

Lancisi, le plus célèbre médecin romain et peut-être du dix-septième siècle. Il avait acquis une grande influence à la cour du pape Clément XI, dont il était médecin particulier. Lancisi a publié plusieurs ouvrages de médecine qui présentent encore un grand intérêt : *De nativis atque adventitiis Roman. cœl. qualitatibus*, etc., Rome, 1711 ; — *De noxiis paludum effluviis eorumque remediis.* Rome, 1717.

Price, Muret, Bertillon, Regy, ont publiés dans les journaux médicaux de nombreux articles sur les miasmes et sur l'influence des contrées paludéennes sur la santé et sur la vie.

Selmi, directeur et professeur de chimie à l'Institut technique de Mantoue. Il a publié plusieurs travaux scientifiques sur le miasme paludéen. Padoue, 1870-1871.

Secchi (le Père), le plus savant astronome vivant de l'Italie, directeur de l'Observatoire du Collége romain. On lui doit les plus intéressantes recherches spectroscopiques sur le soleil, etc. Il est l'inventeur de plusieurs ingénieux instruments météorologiques. Son principal ouvrage : *Dell' unità delle forze fisiche* a été traduit en français. Il a publié aussi de nombreux écrits sur le climat de Rome.

Minzi, médecin principal à l'Hôpital général, auteur de plusieurs écrits sur les Marais Pontins, la fièvre, etc.

Michel, auteur de recherches médicales sur Rome et l'Ager romanus en 1813.

Mayo, médecin américain, auteur de projets d'établissement de maisons dans les pays de mal'aria, 1863.

G.-P. Franck, célèbre médecin allemand, professeur à l'université de Pavie.

Redi, célèbre naturaliste et lettré du dix-septième siècle.

Montegazza, médecin, écrivain savant et homme d'esprit; il a publié plusieurs travaux sur l'hygiène; directeur d'un journal d'hygiène.

Donis, patrice florentin du dix-septième siècle : *De restituenda salubritate Agri romani*. Florence, 1669.

Nicolas, savant abbé qui sous le pontificat de Pie VII a beaucoup écrit sur l'amélioration des Marais Pontins, 1800, 1803.

Boccardo, naturaliste et économiste italien, auteur de plusieurs ouvrages : *la Physique du globe*, *la Terre et les eaux en Italie*. Milan, 1865.

AVANT-PROPOS

On a toujours regardé comme un travail d'une grande importance l'entreprise d'indiquer les moyens de pourvoir à la santé de ceux qui habitent dans un pays infecté par l'influence malfaisante de la *mal'aria*.

Cette importance est plus grande encore aujourd'hui pour Rome, d'abord parce que cette ville est devenue le siége du gouvernement, et par suite le centre d'une nombreuse population qui augmente d'une manière continue; ensuite parce que notre campagne, où s'engendrent et se corrompent les miasmes, devra, dans peu de temps, recevoir, ainsi que nous pouvons l'espérer, des ouvriers et des cultivateurs en bon état de santé, pour être employés, les uns aux travaux le long du cours du Tibre, les autres à l'amélioration des terres marécageuses, et y faire refleurir l'agriculture par une culture meilleure et plus productive.

Quant à moi, né à Rome, où j'ai fait mes études

médicales, après m'être livré à des recherches spéciales sur la nature du miasme et avoir publié le résultat de mes observations, je crois de mon devoir de ne pas rester inactif dans un temps où l'on étudie et où l'on discute autant la question hygiénique de notre pays. Le présent écrit pourra, si je ne me trompe, profiter aux ouvriers et cultivateurs de notre campagne plus qu'à tous autres; il pourra être aussi utile aux habitants de la capitale, où, à quelques époques assez courtes de l'année, les effets du miasme se manifestent cependant, mais toutefois à un degré trop faible pour que l'on ne parvienne pas sans difficulté à s'en préserver.

Dans le but de faire mieux comprendre de tous et apprécier, comme ils le méritent, les conseils et les précautions que je vais indiquer, je suis amené à alléguer et appuyer sur des preuves de fait les raisons scientifiques des moyens propres à mettre ceux qui suivront ces conseils à l'abri de la contagion miasmatique, comme aussi à éloigner de nous les maux et les fièvres périodiques qui en dérivent. Il m'a paru que ce serait ajouter quelque valeur à ce travail d'y joindre plusieurs notions générales, d'expliquer de quelle manière se produit l'infection de l'air,quelle est la nature du miasme paludéen, quelles sont les causes qui le produisent, enfin quelle est l'action intime et immédiate qu'il provoque dans notre organisme.

Quoique dans la discussion de mon sujet j'aie apporté tous mes soins pour le mettre le plus possible à la portée des profanes de la science, je suis cependant forcé de reconnaître que cet écrit ne peut être qualifié de populaire, n'étant pas tel qu'il puisse être facilement compris dans toutes ses parties par les artisans et beaucoup moins encore par les hommes de la campagne, qui habituellement ne savent pas lire ou qui y sont peu portés. Il faut cependant que je donne d'une manière particulière le moyen d'user de ces mesures hygiéniques à toutes les personnes instruites, à tous les propriétaires de fonds ruraux, aux grands fermiers connus chez nous sous le nom de *mercanti di campagna*, aux comices agricoles, aux conseils de santé et à quiconque se trouve par hasard appelé à diriger des travaux de toute nature dans la campagne de Rome ou dans toute autre localité infectée de miasmes. J'ai la ferme confiance que toutes ces personnes, après avoir pris connaissance des raisons diverses d'où dérivent les mesures préventives indiquées par la science et l'expérience pour éloigner la contagion, et après s'être convaincues de leur efficacité, s'emploieront avec la plus grande sollicitude et la meilleure volonté à les faire mettre en pratique et à les faire observer scrupuleusement par les colons, les paysans et les ouvriers employés par eux; car ceux-ci, ainsi que cela arrive chez les personnes peu aisées et peu cultivées, sauront mal les apprécier et encore moins les comprendre.

Tel est mon but; puissent mes paroles être des semences qui ne produisent que du bien aux habitants de Rome et de son territoire, ou de tout autre pays où règne la fièvre paludéenne! Je me regarderai comme récompensé de ce travail qui est peut-être le plus détaillé et le plus étendu que je connaisse parmi le petit nombre de travaux publiés jusqu'ici en Italie sur l'hygiène spéciale contre la *mal'aria*.

L'HYGIÈNE

DANS LA

VILLE DE ROME

I

Causes de la *mal'aria* dans la campagne de Rome. — Conditions agricoles et sanitaires des temps anciens et des temps présents dans la province et dans la ville de Rome. — Mois de l'année de la plus grande infection. — Statistique municipale. — Population stable et flottante. — Craintes exagérées touchant la *mal'aria* dans Rome. — Salubrité de son climat. — Prédominance apparente de la mortalité sur les naissances. — Mauvaises conditions de la vie des gens de la campagne; conséquences. — Utilité de cet examen et opportunité des règlements sanitaires pour les colons et pour les ouvriers occupés aux travaux de la campagne, pour tous ceux aussi qui habitent Rome ou d'autres pays encore peu infectés et même pour l'armée. — Préceptes hygiéniques indiqués par la science et confirmés par l'expérience. — Nécessité d'étudier l'origine du miasme.

L'aspect de la campagne de Rome est triste et désolé; cette vaste région, qui, d'après le recensement, comprendrait 204 351 hectares de superficie, est en grande partie inculte et abandonnée à la végétation naturelle. Ce n'est pas ici le lieu d'examiner les causes variées qui réduisirent à cet état des terres autrefois si peuplées, si cultivées, et sur lesquelles s'élevèrent les cités florissantes de Véies, Gabies, Boville, Fidène, et d'autres nombreuses cités ou villages. J'en rappellerai seulement quelques-unes parmi les plus saillantes, telles que les longues guerres des Romains contre les autres contrées du Latium; la conquête et la destruction des cités voisines; l'abandon de la culture aux esclaves après les conquêtes sans limites et les grandes richesses qui amenèrent le peuple romain à quitter la vie laborieuse; les invasions des Goths et principalement celles des Vandales, des Hérules, des Lombards, des Sarrasins. Enfin les immenses domaines, le régime féodal, la main-morte, les fidéi-commis mirent le comble à la désolation et à la tristesse de ces contrées, plus peut-être que ne le firent les dévastations des Barbares. « Toute la campagne de Rome était la plaine la plus triste et la plus solennelle du monde, et dès le VIe siècle elle présentait la vue d'un désert qui remplissait de mélancolie l'âme de celui qui la contemplait[1]. »

Par suite de ce calamiteux état de la culture ou plutôt de l'abandon dans lequel cette région était tombée et se trouvait constamment, l'air qui, à l'époque de l'empire romain, quoi qu'en disent quelques auteurs, était moins infecté que de nos jours et suffisamment salubre pour permettre d'habiter sans danger une grande partie de ce territoire (comme le prouvent les ruines éparses de thermes, cirques,

1. *Histoire de la ville de Rome au moyen âge*, par F. Gregorovius, vol. II, Venise, 1872.

palais, villas, édifices publics), cet air est devenu depuis malsain au point de compromettre la vie des habitants dans la saison d'été, et maintenant je ne sais si ces territoires étendus, au lieu d'être une source de richesses et de prospérité, ne sont pas plutôt une cause de maladie et de grande mortalité[1].

Des conditions sanitaires aussi mauvaises frappent non-seulement les campagnes de Rome et l'an-

1. Quelques auteurs, parmi lesquels DE MATTEIS, *Sur le culte rendu par les anciens Romains à la déesse Febbre*, diss. ecc., 1814, maintient que la *mal'aria* avait régné de tout temps dans la campagne romaine. Tant que Rome fut circonscrite sur le Palatin, — *Roma quadrata*, — on ne peut douter que la campagne à l'entour ne fût malsaine, pestilentielle, ce qui est prouvé tant par les vallées marécageuses qui occupaient l'espace où depuis fut construit le *circo massimo* que par les marais qui alors couvraient le Forum et les deux Vélabres : *Hic ubi nuncfora sunt udæ tenuere paludes.* (OVID., *Fast.*, VI); le marais de Capri est resté célèbre dans l'histoire. Avec l'agrandissement de la ville et de la population, les eaux stagnantes furent desséchées; les terres furent toutes mises en culture, les campagnes peuplées ; par suite, l'air fut assaini, du moins dans une grande partie de l'*Ager romanus*. Je pourrais appuyer cette opinion sur de nombreuses preuves, tirées des historiens de l'antiquité. Je citerai seulement parmi ces derniers Strabon, qui l'affirme d'une manière positive en ces termes (*Geog.*, lib. V) : *Omne Latium felix est, et omnium rerum ferax, exceptis locis quæ palustria sunt atque morbosa, qualis est ardeatinus ager*, etc. Mais à la chute de la puissance romaine, après les irruptions des Barbares, les campagnes furent abandonnées, les aqueducs renversés, la grande végétation détruite ; l'air commença alors à devenir, de nouveau, malsain comme par le passé, et alla toujours en empirant et s'étendant dans la campagne.

tique Latium, mais se retrouvent dans d'autres contrées de l'Italie aujourd'hui lugubres et désertes, telles que Sybaris, Pestum, Héraclée, et autres localités autrefois florissantes et peuplées. Mais la *mal'aria* domine plus que partout ailleurs dans la campagne romaine, où se trouvent les Marais Pontins, c'est-à-dire dans l'ancien *Ager pomptinus*, immense bassin peuplé, au temps de Pline, de vingt-trois cités, et si fertile que Denys d'Halicarnasse l'appelle le *grenier de Rome*. Il faut dire que bien que la civilisation y ait reparu depuis plusieurs siècles, bien peu de choses y ont été faites pour éloigner cette calamité qui, loin de diminuer, s'est accrue de jour en jour en étendue et en gravité jusqu'aux temps présents. Ainsi la ville de Ninfa a disparu désormais du nombre des communes, et le dépérissement de Norma, Piperno, Sezze, etc., continue, comme aussi celui d'autres pays assez peuplés dans des temps encore peu éloignés, notamment Sermonete, dont les maisons sont en grande partie abandonnées et tombent en ruine. L'air de cette zone est devenu tellement funeste, qu'à certains mois de l'année les exhalaisons pestilentielles qui sortent des eaux stagnantes des canaux et des marais se répandent partout à l'entour, et laissent sur leur chemin, comme le char de Zagaanath, une longue traînée de cadavres[1].

1. On connaît la réponse de cet habitant des Marais Pontins à un voyageur qui lui demandait : « Comment vit-on ici ?— Monsieur, ici on meurt. » *Come si vive costi?— Signore, qui si muore.*

La cause de tant de maux est donc la *mal'aria*, l'*aria cattiva*, c'est-à-dire l'air vicié par quelque principe miasmatique qui produit les fièvres rémittentes et intermittentes, vulgairement appelées *périodiques* ou d'*époques*, — *periodiche o di stazione*. — La *mal'aria* est donc répandue sur toutes nos terres, ici plus, là moins, mais nulle part plus meurtrière que sur les territoires d'Ostie, de Maccarese, de Norto et surtout des Marais Pontins. Dans les autres lieux, l'air n'est pas très-vicié, on peut même dire qu'il est assez salubre, comme sur les collines du Latium et dans plusieurs autres localités montagneuses : c'est que le principe qui produit la *mal'aria* n'a pas coutume de s'élever en Italie beaucoup au-dessus de son lieu d'origine.

Les vents du sud et du sud-est apportent en partie cet air vicié jusque dans l'enceinte de Rome, ainsi que cela se manifeste par la présence de ces fièvres dans notre cité, quoiqu'on ne trouve pas ici de vastes terrains incultes et marécageux qui, ainsi que nous le verrons plus loin, sont les principales pépinières où la *mal'aria* prend naissance. Cependant le mauvais air qui pénètre dans le centre de Rome se réduit à si peu de chose que la ville doit être considérée comme salubre. Les fièvres qui se manifestent au milieu de ses habitants sont habituellement plus douces et d'une guérison plus facile que celles qui se produisent dans les campagnes des environs. L'air de Rome a été divisé par quelques auteurs en trois classes : le bon, le douteux, le mauvais; je ne crois pas utile à mon sujet d'entrer dans ces recherches, je ne m'occuperai donc pas de la topographie médicale de la ville de Rome; j'en dirai seulement quelques mots quand cela sera opportun. Pour le moment, il me suffit d'indiquer que l'air est d'autant moins sain que l'on s'approche davantage de la circonférence et des quartiers moins peuplés, surtout là où les habitations deviennent plus rares, où même il n'en existe pas, comme à la porte Saint-Sauveur ou de Saint-Paul, ou dans des vignes étendues ou des villas renfermées dans la vaste enceinte des murs.

La *mal'aria* ne se manifeste pas avec une égale intensité dans la banlieue de Rome aux différentes saisons de l'année. Tandis qu'elle est presque nulle en hiver, peu de chose encore au printemps, elle a atteint son maximum au déclin de l'été et au commencement de l'automne, — *lethifer autumnus* (JUVÉNAL). — Les mois les plus infectés sont juillet, août et plus particulièrement septembre. Elle est à cette époque si dangereuse, — *quando omnis populus et muliercula pallet* (HORACE), — qu'il importe beaucoup que les habitants de Rome, surtout vers les extrémités où se trouvent encore des maisons, et encore plus rigoureusement les campagnards, ne négligent aucune des précautions que nous indiquons, tandis qu'on pourra mener une vie plus libre et moins observée pendant les autres mois, et particulièrement pendant l'hiver. Néanmoins, même à cette époque, il sera bon de ne pas négliger toute précaution, puisque près de nous, quoique rarement, se produisent pendant les saisons froides des maladies ayant pour cause le miasme paludéen. Il faut aussi dire que dans certaines années, pour des causes que nous étudierons plus tard, les fièvres intermittentes se répandent en été avec une fréquence et une gravité inaccoutumées, de manière à ressembler à une véritable épidémie (*endémo-épidémie*). En conséquence, étant donné de telles circonstances, on doit veiller plus que d'habitude à s'exposer le moins possible à toutes les causes qui peuvent déterminer l'infection miasmatique dans l'organisme et y produire la fièvre.

Il résulte du dernier recensement que la population permanente de toute la campagne de Rome, au 1er janvier 1872, ne dépassait pas le chiffre de 3 430 individus, y compris les habitants de quelques bourgades, tandis que la population flottante était de 12 038, chiffre qui, dans certains mois de l'année, peut s'accroître beaucoup, jusqu'à dépasser 20 000. Une telle population, qui ne fait pas un établissement stable sur les propriétés romaines, se compose de campagnards venant des provinces du centre ou du midi de l'Italie, et qui, à certains mois de l'année, se réunissent en bandes pour aller cultiver les terres romaines, puis retournent chez eux aussitôt que les travaux sont achevés. Il est bon de faire observer que cette immigration considérable de travailleurs est la cause principale à laquelle on doit attribuer la prédominance des morts sur les naissances, constatée dans les récents documents statistiques publiés par l'administration municipale de l'état civil. Car cette population flottante de campagnards ne vient pas s'établir avec la famille dans les fermes romaines, mais elle y reste seulement un temps limité suffisant pour y laisser, comme nous le verrons, un grand nombre de victimes, résultat de la misère, de la fatigue et plus encore du climat malsain de la campagne. C'est bien cette observation qui nous donne la raison de cette supériorité des morts sur les naissances dans Rome; on doit donc en tenir plus particulièrement compte dans l'établissement de notre statistique municipale, en distinguant le chiffre des naissances et des morts dans la campagne, ou plutôt le chiffre des ouvriers des campagnes et celui des habitants de la cité.

De cette distinction on pourrait déduire une appréciation plus exacte du degré et des effets de la *malaria*, tant dans la ville de Rome qu'au dehors, effets qui, j'aime à le répéter, sont, comme nous le verrons, peu de chose à Rome, mais assez fréquents et graves sur son territoire [1].

Cette confusion de la mortalité dans la campagne et dans la ville a produit comme conséquence la

1. Une autre preuve de la faiblesse des effets de la *malaria* dans Rome, comparés à ceux produits dans sa campagne, ré-

crainte exagérée sur le peu de salubrité de l'air dans l'intérieur de Rome ; crainte accréditée surtout parmi les nouveaux venus qui rappellent avec effroi la triste fin de Pia, comme si le miasme dominait dans Rome de la même manière que dans les Maremmes Grossitanes ou dans les Marais Pontins. Je me plais à espérer qu'une telle opinion sera parfaitement ramenée à sa juste appréciation. On ne peut certes pas dire que le climat de Rome est malsain, quoique pendant l'été les fièvres intermittentes y soient prédominantes sur les autres maladies, qui y sont, en général, peu nombreuses. Par suite, je ne partage pas la crainte manifestée par l'ingénieur Giordano, que la capitale fasse, pendant les premières années, de nombreuses victimes parmi les « administrateurs capables qui ont déjà servi l'Italie avec tant d'expérience, comme aussi parmi les hommes d'affaires qui viendront habiter Rome ». Quelques années se sont déjà écou-

sulte encore de la statistique des hôpitaux, et en particulier de celle de l'hôpital du Saint-Esprit.

Dans l'année 1872, on y transporta :

Malades de Rome	2 349
— de la province romaine	2 931
— des autres provinces italiennes	15 013
— étrangers	15
Total	20 326

Ce chiffre nous montre que les malades de Rome ne représentent que le dixième des malades, tandis que le plus grand nombre de ceux-ci est composé de campagnards des diverses provinces du centre et du midi de l'Italie.

lées et cependant ces victimes du climat romain ont été en définitive si rares, qu'il n'y a pas lieu de les rappeler. Nous trouvons, en outre, un meilleur témoignage de nos assertions dans les écrits déjà anciens de plusieurs médecins et spécialement dans ceux de Petronius, de Cagnati, de Lancisi, et plus récemment dans ceux de Taussig, de Cardone et de Baccelli ; je pourrais citer ce fait que la mortalité moyenne annuelle, par rapport à la population stable, n'est pas habituellement supérieure dans Rome à ce qu'elle est dans les autres villes de l'Italie, comme aussi cet autre fait que, malgré la présence de quelques miasmes paludéens dans la ville, la constitution physique de la population romaine ne porte à l'extérieur aucune trace de *mal'aria ;* que même elle est en général assez robuste, florissante, et, comme le fait observer Lancisi, sinon égale à celle des Romains de l'antiquité, certainement supérieure à celle de beaucoup de grands pays de la Péninsule [1].

Cette salubrité relative de Rome, je l'attribue en grande partie à la douceur de son climat, à l'abondance, à la pureté de ses eaux, qui, renfermées dans des conduits, ne peuvent être, à aucun moment, souillées par des substances étrangères, et aussi au

1. LANCISI, *Dissertatio de nativis atque adventitiis Romani cœli qualitatibus.* Venezia, 1739, cap. XV. Dans les comptes rendus récents des conseils de levée militaire (*di leva*) publiés par le général Torre, la banlieue de Rome est au nombre des localités qui donnèrent le chiffre le moins élevé des hommes réformés pour défauts physiques.

réseau de ses égouts, où les matières organiques en putréfaction sont entraînées par les eaux qui y coulent constamment [1].

Je dirai encore que l'hygiène de la capitale ira sans contredit s'améliorant de jour en jour, par les progrès de la propreté publique et privée, comme aussi par les nombreuses constructions nouvelles, les quartiers que l'on établit, et enfin par l'augmentation continue de la population. Par conséquent, plus de craintes excessives à avoir, puisque avec des précautions peu nombreuses et faciles nous sommes certains de vivre à Rome d'une vie saine, et à l'abri du danger d'être atteints des maux produits par le faible degré d'infection miasmatique qui y existe quelquefois dans l'air, même seulement pendant quelques mois de l'année, ce que le nouveau régime politique national peut prendre soin de faire disparaître entièrement [2].

1. Ce système de canaux et d'égouts exécutés selon les récents enseignements de la science a été reconnu par une longue expérience comme étant un des meilleurs moyens de protéger la salubrité des habitants de la cité; opinion qui a encore été confirmée il y a peu de temps, au dernier congrès médical international de Vienne.

2. Après avoir affirmé la salubrité du climat de Rome, la conséquence devrait être que la mortalité doit y être inférieure aux naissances; or, comment se fait-il que le contraire se rencontre dans Rome? Nous répondons à ce fait en réunissant dans cette note les raisons principales qui nous expliquent clairement cette prédominance apparente des morts sur les naissances, prédominance due à un état spécial du mouvement de notre population, et qui au premier abord pourrait

2

On peut conclure, d'après tout ce que nous avons dit ci-dessus, que les personnes les plus exposées aux influences pernicieuses de la *mal'aria* sont les vignerons, les habitants de la Campagne romaine, y compris ceux qui y font un séjour temporaire. Une grande partie de ceux-ci, et plus que tous autres les

confirmer l'opinion de quelques personnes sur le peu de salubrité de notre climat. Faisons d'abord observer que dans la revue statistique communale on comprend non-seulement la population de Rome même, mais encore celle de tout l'*Ager romanus*, laquelle, par une circonstance tout exceptionnelle, et qui ne se rencontre que sur notre territoire, est presque toute de passage. En fait, la population stable de la Campagne romaine est bien peu de chose, et nous voyons qu'elle ne dépasse pas le chiffre de 3000 individus, tandis que celle de passage, qui ne peut compter parmi les habitants, peut dépasser, à quelques époques, 25 000 personnes et est composée pour 9/10 d'hommes seuls, qui ont laissé leur propre famille dans leur pays. Un certain nombre de ceux-ci, par des causes que nous dirons brièvement, meurent dans l'*Ager romanus*, tandis qu'ils ne s'y reproduisent pas du tout.

Une autre cause de la prédominance de la mortalité tient encore à cette circonstance que chaque année Rome reçoit un nombre considérable d'étrangers, dont une certaine quantité faibles de santé ou malades, et qui sont attirés par les merveilles des arts ou la douceur du climat. On doit encore remarquer qu'on trouve dans Rome des prêtres et des moines venus de tous côtés, lesquels, voués au célibat, n'ont pas de descendance et payent leur tribut à la mort. Je mentionnerai encore la mortalité considérable de notre hospice des enfants, où l'on recueille les enfants abandonnés, non-seulement de toute la province, mais encore beaucoup venant des autres provinces. Un grand nombre de ces petits malheureux meurent de faim ou des suites des souffrances éprouvées dans un long et pénible voyage. Enfin j'ajouterai que, par l'établisse-

Calabrais, les gens appelés *ciociari*, vivent dans des conditions de gêne et de pauvreté si grande que tout leur manque, non-seulement ce qui fait le confort de la vie, mais le nécessaire. Ils ont pour se couvrir des vêtements insuffisants et déchirés ; ils prennent une nourriture insuffisante et de mauvaise

ment récent de la capitale dans Rome, notre population s'est accrue, en peu de mois, d'un grand nombre de fonctionnaires du gouvernement, d'artisans ou d'autres individus mâles et célibataires. Si donc, laissant de côté l'épidémie qui a sévi sur Rome dans ces derniers temps (comme entre autres la variole, la rougeole), etc., nous retranchons du chiffre total des morts le chiffre spécial des morts parmi les paysans ou artisans de passage, les étrangers et celui d'une partie des enfants abandonnés ; si nous tenons compte de la prédominance du célibat monastique et du rapide accroissement de la population mâle, nous devrons diminuer de beaucoup le chiffre de morts que nous avons énoncé. C'est seulement alors que l'on aura une juste appréciation de la mortalité ordinaire dans Rome, et nous la trouverons égale à la naissance ou même moindre qu'elle, mais non dans une proportion excessive, par rapport à la population stable, et même dans une proportion inférieure à celle de quelques-unes des cités les plus peuplées de l'Italie, ainsi que cela résulte des derniers tableaux différentiels publiés par le Bureau de la statistique communale. Comme preuve de ce que nous soutenons, je fais observer que dans une publication récente du *Bulletin* hebdomadaire de la ville de Bruxelles (45e semaine) on constate que la mortalité moyenne dans Rome, par rapport à la population, est de beaucoup inférieure à celle de plusieurs centres populeux, comme Berlin, Dublin, Amsterdam et Londres, et en vérité dans notre cité la moyenne des morts ne dépasse pas les 22,06 par mille habitant, tandis que celle de Florence est de 30,05 ; celle de Naples, 32 ; et que celle de Munich, en Bavière, atteint presque le chiffre considérable de 35, qui est difficilement surpassé par n'importe quelle autre grande ville de l'Europe.

qualité ; ils sont logés dans des masures en ruine, qui sont à vrai dire des cabanes, humides et sales, où l'on ne trouverait pas même le plus humble lit. Cette misère et cette saleté ont fait donner à ces individus le nom de *guitti*. Le plus fâcheux, c'est que beaucoup de campagnards, à l'époque de la fauchaison, de la moisson, du labourage, par insuffisance de salaire ou retard à le recevoir, couchent la nuit à ciel ouvert sur la terre nue afin de se trouver prêts au travail le lendemain matin dès la première heure du jour. Le travail de culture qui est pour les campagnards le plus pernicieux et le plus meurtrier est celui qu'on appelle *rinquartatura*, qui se fait avec des charrues sur les terres ensemencées au mois d'août et au commencement de septembre. On ne peut dire combien de travailleurs, accablés de fatigue, dans des conditions de vie aussi misérables, exposés aux ardeurs de la canicule et de l'air malsain de la Campagne de Rome, privés de secours prompts et efficaces, se trouvent surpris par des maladies graves et mortelles, surtout après les variations subites de température et l'accroissement de l'humidité de l'atmosphère. Dans cette saison, nos grands hôpitaux regorgent outre mesure de ces malheureux, véritables esclaves de la glèbe, et qui, quittant chaque année l'air pur de leurs contrées, viennent affronter une mort sans gloire sur un terrible champ de bataille [1].

1. DE TOURNON, *Études statistiques sur Rome*. Paris, 1831.

Il serait à coup sûr reprochable et absurde que, dans un temps où l'on parle autant du progrès de la civilisation, on ne tournât pas sa pensée vers l'amélioration du sort si dur d'une classe d'hommes beaucoup plus utiles et plus nécessaires que les bêtes de somme, et dont cependant on paraît moins tenir compte.

Il est inutile d'avertir que les règles sanitaires dont nous parlerons doivent être observées non-seulement par les hommes de la campagne, mais aussi par les ouvriers qui pourraient être appelés, à quelque époque que ce soit, pour les travaux de dessèchement des marais et des étangs, pour les travaux d'amélioration du lit du Tibre ou pour un canal de dérivation, ou pour une culture mieux entendue de la Campagne de Rome. Ceux-ci seront très-exposés aux funestes émanations miasmatiques, particulièrement lorsqu'ils auront à exécuter les travaux dans les mois chauds, qui sont les plus dangereux. J'ajouterai qu'alors les tristes effets de la *mal'aria*, ainsi que je l'ai fait observer dans un autre écrit[1], se produiront dans les premières années de ces travaux plus vivement qu'aujourd'hui dans la saison ordinaire de l'été, par suite des excavations et des mouvements extraordinaires de terre, qui ne peuvent

ALEARDI, dans son poëme *il Monte Cicello*, dépeint admirablement en peu de vers l'état de ces malheureux paysans.

1. *Quelques mots sur l'assainissement de l'air dans l'*ACER ROMANUS. Rome, 1873.

2.

qu'augmenter la production des miasmes. Ce sont des phénomènes qu'alors nous étudierons encore mieux.

Mais je crains que l'on ne rencontre d'assez sérieuses difficultés pour obtenir que les ouvriers et les campagnards se soumettent aux précautions prescrites. Cependant, avec une certaine volonté et quelque énergie, avec l'exemple des plus intelligents, avec des encouragements et des récompenses, enfin, par-dessus tout, avec une discipline sévère, je pense que les propriétaires et les directeurs de travaux obtiendront en grande partie le résultat désiré. Le temps du travail et du repos, de la sortie des habitations et du retour, du sommeil et de l'alimentation, la qualité de la nourriture, l'espèce et la forme des vêtements, toutes ces choses devront être étudiées et réglées selon les principes d'une sage hygiène et exécutées avec une exactitude scrupuleuse, comme s'il s'agissait d'un règlement militaire. J'ajouterai qu'il serait à désirer que le Gouvernement s'occupât de pourvoir aussi à l'hygiène de tant d'ouvriers ou gens de campagne par des lois spéciales et des règlements sanitaires bien appropriés aux exigences, comme le propose précisément le docteur Predieri, afin que les colons et les nouveaux habitants des territoires livrés à la culture ou améliorés ne deviennent pas victimes de leur inexpérience et de l'insalubrité des récents mouvements de terre. Ces lois devraient être votées par le Parlement et placées sous la surveillance rigoureuse des conseils sanitaires communaux et provinciaux [1].

Cependant nous ne nous dissimulons pas qu'avant d'effectuer l'entreprise grandiose de l'amélioration et de la mise en culture de la Campagne de Rome on aura à lutter sérieusement contre les nombreuses puissances nuisibles, qui continueront à menacer les existences, et qui dans les premières années des travaux séviront beaucoup plus activement.

Ce sera une triste mais inévitable nécessité de sacrifier un certain nombre de ces robustes travailleurs avant que les travaux entrepris aient atteint le but proposé d'assainir l'air dans notre campagne environnante. Mais j'ai le ferme espoir que des sacrifices aussi cruels peuvent être très-réduits, si l'on veut se conformer à toutes les précautions et à toutes les règles d'hygiène, qui, recommandées par tant de savants praticiens, et confirmées par une longue expérience, ont été reconnues efficaces pour combattre la malignité des effluves paludéennes. Il en fut ainsi dans les maremmes de Toscane à l'époque où l'on faisait travailler de nombreux ouvriers pendant les mois d'été, c'est-à-dire les plus dangereux. Ceux-ci, en observant quelques précautions, réussirent, comme le rapporte Pareto, à se conserver dans de bonnes conditions de santé. Sans ces précautions, sans des règlements sanitaires, et sans quel-

1. *Avertissements hygiéniques ou conseils médicaux à l'occasion des grandes améliorations*, par C. PAOLO PREDIERI. Bologna, 1875.

ques avis sur la méthode à suivre, on espérerait vainement un heureux résultat, soit de l'exécution des travaux d'amélioration, soit de la colonisation de la Campagne romaine. En effet, les colons et les ouvriers jetés au milieu d'une atmosphère aussi viciée tomberaient malades en peu de temps; et presque tous en peu d'années auraient succombé. Ces faits déplorables se produisirent autrefois, non-seulement au temps des papes Zacharie et Adrien Ier, qui établirent sur différents points de la Campagne de Rome les premières *domus cultæ*, qui n'eurent pas une longue durée, mais encore dans des temps peu éloignés de nous, lorsque, sans tenir compte des enseignements donnés par l'hygiène et les sciences physico-chimiques encore dans l'enfance, on fit des tentatives pour établir, au centre de notre campagne malsaine, des colonies partielles, comme celles du XVIIe siècle sur le domaine d'Ostie et sur celui de *Monte-Romano*. Elles disparurent promptement sous le souffle destructeur de la *mal'aria*.

On doit aussi rappeler que les avertissements dont il est question, quoiqu'ils soient plus spécialement appropriés pour pourvoir à la santé des campagnards et des ouvriers de la Campagne romaine, peuvent néanmoins servir utilement à tous ceux qui vivent dans toute autre localité plus ou moins soumise à la *mal'aria*. Malheureusement, en effet, une pareille infection n'est pas un produit de notre territoire seulement, mais elle sévit encore à des degrés différents dans la vallée du Pô, dans celles de Comachio et Cosentino, dans la Calabre, dans les Pouilles, dans la maremme de Toscane, et dans plusieurs vastes territoires situés en Sicile et en Sardaigne. Le plus fâcheux, c'est que la *mal'aria* en Italie, plutôt que de diminuer, tend à reculer ses limites déjà si étendues. Une cause des plus puissantes entre toutes est l'augmentation des rizières dans quelques provinces et surtout en Piémont, ou bien encore les rouissages de lin et de chanvre, sans parler des mauvais systèmes d'irrigation et d'autres vieilles méthodes de culture. Si l'on observait la maxime que la santé publique doit être la loi suprême, toutes ces choses devraient être défendues tout à fait dans quelques localités, ou du moins modérées par des règlements sanitaires. Il est donc évident que les règles hygiéniques doivent être, pour quelques-unes, observées également dans toutes les parties de notre pays qui peuvent être infestées par la *mal'aria*, et non pas seulement par les habitants de Rome et de ses environs, où pourtant, malgré ce que disent quelques personnes, les influences miasmatiques, ainsi que nous l'avons expliqué, se réduisent à peu de chose et produisent dans quelques mois de l'année des fièvres intermittentes d'un caractère rarement pernicieux. C'est par cette raison que les habitants de la ville ne se croient pas aussi strictement obligés à suivre tous les préceptes d'hygiène d'une manière précise, mais seulement quelques-uns de plus grande importance. En laissant de côté qu'en ville les effets de la *mal'aria* ne sont pas beaucoup à redouter, il arrive aussi qu'on y a beaucoup moins d'occasions de s'exposer à toutes les circonstances et causes qui peuvent amener la fièvre.

Quant à ces conseils vulgaires et peu importants dont s'accommodent les habitants de Rome, j'ai cru opportun d'en faire un bref résumé à la fin de cet écrit, afin qu'ils se gravent mieux dans la mémoire et qu'ils soient mis plus facilement en pratique par chacun, particulièrement par ceux qui, arrivés depuis peu de temps dans la capitale, en connaissent jusqu'à présent assez mal le climat ou du moins n'y sont pas habitués.

En outre, il est utile de prescrire aux troupes en garnison à Rome et dans la province quelques précautions spéciales pour leur faire éviter beaucoup de maladies dans les mois d'été. Quelques casernes dans Rome sont situées dans les rues centrales et salubres, comme la caserne de Serristori et celle de Sora; d'autres sont dans des parties moins habitées, assez rapprochées des remparts et par conséquent plus exposées aux fièvres, telles que les casernes du Maccao et du Forum : or, d'après les comptes rendus sanitaires de l'armée pontificale et de l'armée française, on voit combien fut faible le nombre des malades parmi les soldats placés dans les premières casernes, comparé à ceux qui avaient été logés dans les secondes. En avançant dans cet écrit, j'indiquerai quelques précautions qui conviennent davantage en été et en automne à la partie de notre armée qui occupe la Province romaine. Le corps sanitaire français n'en laissait pas négliger l'observance, parce qu'il avait reconnu depuis longtemps combien elles étaient utiles à la santé des troupes.

Afin d'encourager davantage toute personne à se conformer aux préceptes hygiéniques, je fais observer que chacun d'eux ne repose pas sur des hypothèses imaginaires et des inductions hasardées, mais sur l'expérience de toutes les générations qui ont vécu depuis des siècles dans notre campagne ou dans d'autres régions frappées de la *mal'aria*, et que de plus mes observations et mes recherches récentes sur les miasmes paludéens, non-seulement confirment précisément l'efficacité de ces prescriptions, mais, si je ne me trompe, elles nous donnent le moyen de nous rendre exactement compte de leur action pour éloigner de l'économie animale les tristes effets de ces émanations pestilentielles et pour rendre le corps moins disposé à les recevoir. Tandis que dans un temps c'était l'empirisme qui conseillait l'observance de quelques prescriptions hygiéniques, aujourd'hui c'est la science elle-même qui les indique, et qui de plus fait connaître avec certitude leur mode d'action.

Cependant, avant de passer aux preuves, il serait convenable de démontrer la nature et la cause première de la *mal'aria*, les lois qui la gouvernent, ses effets morbides et les moyens de les éviter. Mais ayant déjà traité ailleurs, avec étendue, cette matière sur laquelle j'ai du reste l'intention de publier d'autres travaux, je me bornerai à dire ce qui me paraîtra suffisant pour éclairer ce sujet. En conséquence, je donnerai brièvement quelques renseignements sur l'origine, la nature et les propriétés infectantes des miasmes paludéens. Après, je décrirai séparément les mesures qui m'ont paru les plus convenables pour prémunir le corps contre les effets des miasmes.

II

De l'infection miasmatique. — Quelles sont les causes des miasmes; miasmes végétaux; prétendus miasmes chimiques. — Comment ils se comportent — Fermentation et putréfaction, origine des miasmes. — Miasmes paludéens; leur nature végétale. — Conditions nécessaires pour leur production. — L'abaissement de l'eau des marais est leur cause périodique. — Terrains incultes; leurs qualités géologiques. — Miasmes produits par les terres récemment défrichées. — Terrains humides. — Lacs. — Débordements du Tibre. — Flaques d'eau. — Mélange d'eaux douces et salées. — Plantes qu purifient les eaux stagnantes. — Preuves que les miasmes paludéens sont constitués de sporules. — Par quelles voies ils s'introduisent dans le corps. — Phénomènes intérieurs qui s'y produisent. — Accès de fièvre. — Variétés de symptômes et de formes morbides. — Affaiblissement physique et intellectuel des individus atteints. — État latent des miasmes : incubation. — Causes qui prédisposent à la fièvre. — Précautions hygiéniques propres à éloigner les causes accidentelles. — Conclusions de mes recherches sur les miasmes. — Assainissement de l'air de l'*Ager romanus*. — Quelques observations indispensables. — Devoir du médecin hygiéniste.

La cause première de la *mal'aria*, le principe vénéneux qui rend l'air malsain, c'est le miasme que l'on appelle avec raison paludéen, parce qu'il se produit abondamment dans les marais et les terres humides et incultes.

Mais qu'est-ce que le miasme ?

On appelle miasmes en général, quels qu'ils soient, même non paludéens, des substances ou des corpuscules spéciaux d'origine et de nature différentes. Ils peuvent être d'origine soit animale, soit végétale. Pour me faire mieux comprendre, je dirai que les miasmes peuvent provenir des germes ou des premiers rudiments des êtres organisés parmi les espèces les plus infimes entre les animaux, celles auxquelles on a donné les noms de *microzoari*, *microzoi*, *protozoari*, ou des végétaux inférieurs, tels que ceux dits *microfiti*, *protofiti*. Quelques-unes de ces espèces sont à peine visibles à l'œil nu ; d'autres sont tellement petites que même les plus forts microscopes ne suffisent pas toujours pour les faire bien voir. On y est parvenu cependant de nos jours. Par suite du perfectionnement des instruments d'optique, on a réussi aujourd'hui à en découvrir quelques-uns qui avaient échappé aux investigations de la science.

A ces deux variétés de miasmes, quelques personnes en ajoutent une troisième constituée de principes chimiques, laquelle cependant n'appartient pas aux espèces des micro-organismes végétaux ou animaux, mais est un produit de combinaisons chimiques variées et spéciales à l'état gazeux. Ces substances ou combinaisons, ayant des limites circonscrites quant à leurs effets, et agissant sur l'organisme à la manière des poisons, dans un sens étroit texicologique, ne peuvent ni ne doivent être comprises parmi les miasmes, dont elles diffèrent essentiellement; mais elles doivent être rangées dans la catégorie des poisons. Je n'ai donc pas à parler plus longtemps de ces corps.

Cette myriade d'organismes microscopiques végétaux ou animaux, classés par les micrologues sous les noms de *micrococchi*, *batteridi*, *critococchi*, *sporoidi*, *protomiceti*, etc., et compris quelquefois sous le nom générique de *parasites*, nage, s'agite, croît et meurt dans le milieu atmosphérique qui nous entoure, quelque limpide et diaphane qu'il nous paraisse. Ces êtres imperceptibles sont entraînés à de grandes distancespar le souffle du vent. Quelques-uns dentre eux sont peu ou même point nuisibles à notre organisme; d'autres, au contraire, lui présentent un danger continuel, le menacent sans trêve, lui causent très-fréquemment des dommages pernicieux, mortels, comme font les miasmes paludéens, ceux du typhus, du choléra, de la fièvre jaune. Une longue série de maladies, dont l'origine avait été jusqu'à présent enveloppée d'épaisses ténèbres, sont aujourd'hui reconnues provenir de ces parasites, c'est-à-dire d'êtres presque imperceptibles, mais cependant très-dangereux; pour s'en convaincre, il suffit de connaître les travaux et les découvertes (en laissant de côté les savants étrangers pour nous borner à ceux de l'Italie) de Moscati, Metaxa, Lioy, Pacini, Cadet, Rivalta et autres. Les miasmes ou parasites, d'origine soit végétale, soit animale, se reproduisent et se multiplient de diverses manières, qu'il n'est pas nécessaire de mentionner ici. Cette reproduction peut facilement avoir lieu à l'intérieur de notre organisme, et de là ils peuvent se transmettre à d'autres organismes analogues. Dans ce cas, le miasme est appelé, d'une manière plus précise, *contagion*; c'est alors ce qui donne naissance aux maladies contagieuses directement ou indirectement. C'est une chose digne de remarque que les germes reproducteurs d'une grande partie des êtres inférieurs organiques ci-dessus indiqués, lorsqu'ils se trouvent sur un sujet disposé, croissent et se reproduisent en prenant des formes plus compliquées et d'un ordre supérieur, de manière à pouvoir être considérés comme appartenant à une espèce différente. Ce phénomène, déjà étudié par Gallien, est désigné sous le nom d'*étéromorphie*. Quelques-uns de ces parasites ont leur siége presque exclusivement sur la peau et sur les muqueuses; d'autres pénètrent dans l'organisme, l'infectent et réagissent sur les différents tissus et les liquides, altérant et décomposant notamment quelques-uns des principes du sang. Tous ne se multiplient pas dans le corps humain, mais, engendrés et développés en dehors du corps, ils l'infectent alors dès que le corps humain les a absorbés, comme nous le démontrerons ultérieurement en traitant du miasme paludéen, qui ne se transmet jamais d'un individu à un autre, et qui par conséquent n'est pas contagieux.

Je dois ici mentionner ceux qu'on désigne sous le nom de virus et d'autres principes septiques qui s'introduisent dans le corps par inoculation. L'étude de ces derniers appartient à la pathologie, encore bien que le virus, d'après des observations récentes, semble être formé des mêmes êtres inférieurs primitifs dans cet état simple et rudimentaire que nous avons indiqué précédemment, et qui, inoculés dans l'organisme, se multiplient et y reproduisent la maladie même qui leur a donné naissance. De cette manière se comportent la rage, l'anthrax, le charbon, le farcin. Disons cependant qu'en ce qui concerne leur nature, aussi bien que les différences existant entre les miasmes, la contagion ou le virus, la science n'a pas encore dit son dernier mot, car il y a là matière à de sérieuses études, bien que jusqu'à présent leur essence puisse être regardée comme identique [1].

Nous ne connaissons pas toujours les causes premières qui donnent naissance à ces micro-organismes, aux miasmes en général, ou les circonstances qui favorisent leur croissance et leur multiplication; malgré cela, nous pouvons affirmer avec certitude que presque toutes consistent en une longue marche de corruption et de fermentation de différents genres et de différents degrés, c'est-à-dire dans certaines fermentations ou putréfactions qui donnent naissance à ces êtres pernicieux. Ainsi nous savons que pour produire le miasme paludéen il faut une lente corruption des eaux stagnantes et des terrains humides, et nous savons pareillement que les graves épidémies du typhus ont presque toujours fait invasion à la suite de la putréfaction des cadavres aban-

1. J'invite les hommes studieux à lire le récent et intéressant travail du professeur SEBASTIANO RIVOLTA, intitulé : *Des végétaux parasites*, servant d'*Introduction à l'étude des maladies parasitaires*, etc. Turin, 1873.

donnés sur la terre après les batailles meurtrières.

Après ces courtes observations sur les miasmes en général, je veux parler de celui qui nous occupe plus particulièrement, c'est-à-dire du miasme paludéen, en exposant sommairement quelques-unes de mes opinions personnelles et ce que l'on peut déduire des faits qui sont les résultats des recherches particulières et des expériences chimico-microscopiques auxquelles je me suis livré précédemment sur les eaux marécageuses et sur l'air des localités les plus infestées [1].

Avant tout, je dirai que le miasme paludéen est de nature végétale et formé plus particulièrement de *sporules* ou de *sporoïdes* ou de *cellules reproductives*, qui se répandent dans l'air et appartiennent à une petite plante microscopique, à un *microfite*, que je prétends être de l'espèce des algues. Il est vrai qu'aujourd'hui quelques savants, comme les docteurs Lanzi et Terrigi, prétendent que le miasme dont il s'agit est plus spécialement constitué de *micrococchi* que de *sporules* : cela ne détruit pas mes convictions,

1. *Recherches et expériences sur la nature et la production du miasme paludéen, exposées au Congrès médical international, à Florence, en* 1869. Ce petit travail obtint l'approbation générale de cette réunion savante, non pas certainement pour son mérite, mais à cause de l'importance de la question à traiter. J'avais l'intention de poursuivre et d'approfondir ces recherches chimico-microscopiques, mais ma santé mal affermie, et surtout une suite non interrompue d'incidents fâcheux m'en empêchèrent. J'espère retrouver des jours plus heureux où il me sera donné de reprendre mes études sur un sujet aussi important.

que confirment toujours davantage les résultats de mes observations et de mes recherches. En fait, les *cocchi* et les *micrococchi* ne sont pas autre chose que des granules contenues dans le protoplasme des cellules et des spores, lesquels se rencontrent en abondance dans les terrains marécageux et dans les dépôts d'eau stagnante. Or les germes, les granules, toutes les fois qu'ils sont immergés dans les eaux où se trouvent des matières suffisantes et des conditions propres à leur germination, engendrent une algue de la plus petite dimension. L'algue alors développée et devenue vigoureuse reproduit en grande abondance, dans ses propres réceptacles, de nouveaux sporules, et d'autres granules, *micrococchi*, qui en partie tombent au fond de l'eau, en partie se dispersent dans l'air et le souillent, quand le limon se trouve mis à découvert par l'abaissement des eaux du marais. En attendant, *qu'il soit bien établi que le principe, la cause première, essentielle de l'aria cativa, de la mal'aria, est pour nous d'une manière certaine le sporule, la cellule reproductive qui se répand dans l'air, et qui appartient à une très-petite plante, laquelle croît et se multiplie surtout dans les terrains humides et marécageux.* — Or l'essence du miasme paludéen étant ainsi connue et établie, nous allons essayer de rechercher un peu son mode de production et les conditions qui favorisent son accroissement.

Les sporules et les petites plantes sont, ainsi que nous l'avons déjà indiqué, produits en abondance dans toutes les eaux stagnantes, comme marais, maremmes, rizières, mares bourbeuses, et aussi dans les terrains rendus humides par des sources souterraines. Ils tirent leur existence de ces lentes fermentations ou putréfactions terreuses qui se produisent pendant l'été dans toutes les terres humides, spécialement dans celles qui sont recouvertes d'une eau morte, peu profonde, contenant des substances organiques, telles que des fragments et des détritus de végétaux, de l'*humus*. En un mot, toutes les eaux stagnantes en putréfaction et la lente décomposition des substances végétales contenues dans certains terrains humides sont la cause principale de la *mal'-aria*, c'est-à-dire de la végétation de l'algue, de la reproduction et de la multiplication, dans ses réceptacles, de spores, sporoïdes ou granules germinatives, causes premières du miasme paludéen.

Les éléments principaux, les conditions indispensables qui peuvent être considérés comme étant l'origine de ces corruptions terreuses sont au nombre de trois : *l'eau* ou un certain degré d'humidité du sol ou du sous-sol, qu'il soit ou non bourbeux; *une température élevée*, comme est celle de l'été ; et *des substances organiques*, surtout si elles sont végétales. Il est inutile de mentionner que la présence de l'air n'est pas moins nécessaire. Donc, toutes les fois que ces conditions essentielles se trouvent réunies, il y a toujours production plus ou moins considérable du miasme paludéen. Ces conditions se rencontrent toujours infailliblement dans les marais formés d'une très-légère couche d'eau, dans ces terrains bourbeux, fangeux : d'où il suit qu'ils sont en été la source principale et typique du miasme paludéen, puisque cette suite d'actes de fermentation et de putréfaction acquiert une plus grande intensité non pas tant dans les marais profonds que dans les terrains fangeux et surtout dans les terres vaseuses laissées à découvert par le retrait des eaux paludéennes, chargées de toutes sortes de végétaux, et particulièrement de plantes aquatiques mortes.

On doit faire observer cependant que les terrains en nature de marais ne sont pas l'unique source du miasme, parce qu'un certain degré de *mal'aria* peut encore venir de sources en apparence diverses, quoique, au fond, identiques à celles des marais. Ainsi les terrains très-étendus, incultes et dépouillés d'arbres ou de grands végétaux, tout en n'étant pas marécageux, sont aussi une source assez féconde de germes miasmatiques. Ceux-ci, dans ce cas, seront relativement produits, selon l'opinion de Puccinotti, par le rayonnement du sol ; mais là encore doivent se rencontrer les trois conditions indiquées plus haut : *humidité*, *action thermique du soleil*, et *corps végétaux en fermentation*. — En effet, de telles conditions se rencontrent toujours dans ces terrains incultes et couverts d'une couche d'herbes sèches, de tiges de blé ou d'avoine déjà coupées et abandonnées sur les champs. Ces terres, après avoir été fortement échauffées par les rayons ardents d'un soleil caniculaire, deviennent humides sous l'influence des brouillards épais de la nuit, ou ce qui est plus mauvais encore, si elles sont trempées par les premières pluies d'août et de septembre, alors elles se trouvent dans les conditions les plus favorables pour donner lieu à cette décomposition et à cette putréfaction dont nous avons parlé.

Les terrains non cultivés produisent des émanations malsaines en plus grande abondance encore que de coutume, lorsque, après avoir été laissés longtemps dans cet état, ils sont de nouveau brisés et remués. En général, les émanations sont d'autant plus abondantes que le repos du sol a été plus prolongé et que les mouvements de terre sont plus profonds; voilà pourquoi, lorsqu'on remue un terrain aride, échauffé par le soleil, et tout imprégné des germes miasmatiques, tous les sporules accumulés pendant tant d'années, mis à découvert, se répandent en abondance dans l'air et le rendent d'autant plus corrompu. En outre, ces germes ainsi dispersés dans l'atmosphère se mettent en contact avec les terres fouillées, pleines de résidus organiques humides et exposés au soleil, germent et se multiplient de nouveau en abondance, par suite de ces fermentations terreuses qui se produisent en de telles circonstances, et que nous avons déjà indiquées comme étant l'origine du miasme paludéen. Afin de faire cesser ces effets produits par le défrichement du sol,

Salisbury conseille d'y répandre de la chaux ; procédé coûteux et peu efficace, parce que les miasmes, les *micrococchi* ont, en général, la vie très-longue et tenace, résistant à beaucoup d'agents chimiques, et même aux glaces éternelles des pôles; ils se conservent ainsi fort longtemps sous la terre et sous l'eau sans perdre leur action vénéneuse. Je conserve depuis sept ans dans une fiole quelque peu de rosée condensée du marais d'Ostie, parsemée de sporules miasmatiques; malgré un aussi long espace de temps, le microscope n'accuse chez eux aucun changement de forme, et ils conservent encore toutes leurs propriétés comme aux premiers jours. A cette même époque, j'ai plongé dans une faible solution hydrochlorique une certaine quantité de ces sporules, et ils se conservèrent presque intacts. Cette expérience confirme leur ténacité de conservation et leur inaltérabilité. Il n'est donc pas étonnant qu'au moment du défrichement d'un sol resté inculte pendant un grand nombre d'années et imprégné de germes, ceux-ci se répandent dans l'air, le souillent, et causent des maladies et des fièvres sans nombre ; des exemples semblables se rencontrent en abondance dans l'histoire médicale.

Une autre cause qui augmente l'insalubrité des campagnes incultes et dépouillées d'arbres, c'est la qualité des terrains peu compactes et poreux, ou, comme on dit, légers; ces terrains, échauffés et desséchés par la chaleur des jours caniculaires, produisent une quantité de petits animaux et d'insectes qui périssent tous par les pluies qui surviennent, et, de plus, se laissant facilement pénétrer par l'eau des pluies, ils donnent lieu, surtout en été, à ces décompositions particulières terreuses auxquelles nous avons déjà fait plusieurs fois allusion.

Ces effets de l'eau sur le sol aride et inculte trouvent une plus forte confirmation dans le fait signalé par plusieurs écrivains, que dans un été, bien qu'assez chaud, mais sec et sans vents humides, pluies ou brouillards, l'intensité de la *mal'aria* est habituellement beaucoup moindre que dans les autres saisons d'été où les pluies et les brouillards ont été fréquents : « *Æstas callida et sicca Romæ perpetuo salutaris.* » (DONIS.) A cause de cela, nous avons remarqué que dans la campagne romaine les fièvres intermittentes augmentent d'intensité, toutes les fois que, par la prédominance des vents du sud, l'été a été humide et pluvieux plus que de coutume, comme dans l'année 1872. C'est pour moi la raison principale et peut être unique de cette recrudescence considérable des fièvres qui se manifeste tous les cinq ou six ans sur notre territoire avec un caractère épidémique, plus ou moins grave et meurtrier. Il suit de là clairement que l'accroissement du miasme paludéen est favorisé non-seulement par les *conditions ordinaires* du sol et du climat d'une localité, mais encore par des *circonstances exceptionnelles;* et cet accroissement extraordinaire de la *mal'aria* est d'autant plus grand que de telles conditions fortuites du climat se rapprochent de cette chaleur humide que tous les écrivains spéciaux ont reconnue de tous temps comme étant la condition la plus efficace et la plus nécessaire pour produire le miasme paludéen. C'est ce que nous avons vérifié par des expériences et des preuves irrécusables.

Afin de répandre plus de lumière sur le genèse de ce miasme, je pourrais rapporter beaucoup de faits que j'ai observés et étudiés, mais je les passerai sous silence pour ne pas trop allonger cet écrit. Toutefois je trouve bon de rappeler ici que des terrains en apparence non bourbeux, ni recouverts d'eaux croupies, ont toutefois vicié l'air quand ils renfermaient des eaux souterraines qui ne jaillissaient pas au dehors, mais coulaient en se ramifiant dans le sous-sol et qui, par l'effet de la capillarité, se répandaient à la surface des champs et de cette manière les rendaient assez humides et appropriés à la germination des miasmes, à moins que ne survinssent les mois où la chaleur est la plus intense. Cette humidité se conserve encore plus selon la nature géologique des terrains ; ainsi, par exemple, quand à quelque profondeur du sol existent des rochers, du tuf, des couches marneuses ou argileuses qui empêchent l'infiltration et l'écoulement des eaux. Telle est la nature d'une grande partie du sous-sol du vaste bassin du Tibre, le long duquel sévit la *mal'aria*. Il est rendu plus malsain encore par la pente nulle ou très-faible qui ne facilite pas l'écoulement des eaux sur le vaste espace de terre qui s'étend de Rome à la mer.

Les eaux courantes ou même, sans être courantes, très-abondantes et profondes comme celles des lacs, ne produisent pas en général la *mal'aria;* parce qu'elles ne se corrompent pas et parce que les sporules qui y sont contenus étant plus pesants que l'eau tombent au fond et ne se dispersent pas dans l'air. Cependant, quand les eaux, par une cause quelconque, se retirent et laissent à découvert les terrains à l'entour, vaseux et remplis de débris de végétaux et de plantes aquatiques, alors, ainsi que nous l'avons déjà fait observer, les fermentations et les putréfactions génératrices des miasmes renaissent incessamment jusqu'à atteindre leur plus haut degré d'énergie. C'est alors que les miasmes se répandent dans l'air en grande abondance. Ainsi le lac Fucino ne produisit aucun miasme paludéen tant qu'il fut rempli d'eau, mais quand, après les grands travaux entrepris pour le dessécher, les eaux vinrent à diminuer graduellement, le lac devint un foyer très-actif de fièvres ; aujourd'hui elles diminuent de nouveau, et tendent à disparaître depuis que ces terrains sont travaillés et mis peu à peu en bonne culture. Les mêmes causes servent à expliquer l'accroissement de la *mal'aria* dans la campagne de Rome après quelques alluvions du Tibre, et l'augmentation des fièvres intermittentes sur notre territoire et jusque dans l'intérieur de la ville même de Naples, après le desséchement du lac d'Agnano. Il suit de là qu'on a beaucoup plus à craindre les marais recouverts d'une légère couche d'eau, dont l'évaporation se produit facilement aux chaleurs de l'été, que ces réservoirs vastes et profonds toujours remplis d'eau.

Il résulte de ces quelques détails que les causes principales du miasme sont les terres vaseuses ou passablement humides, les marais quand leurs eaux se retirent, et quelquefois aussi, surtout à l'époque des pluies d'été, les terrains de grande étendue, incultes, desséchés, et ayant une constitution géologique spéciale.

Maintenant, on trouvera moins extraordinaire ce fait jusqu'à présent peu éclairci, qui a donné lieu à diverses discussions entre les savants, mais qui s'explique aujourd'hui sans laisser de doute, à savoir que les miasmes paludéens et par conséquent les fièvres intermittentes peuvent également provenir de vastes terrains non cultivés, sans la présence d'eaux stagnantes. Ces terrains, dans cet état d'abandon, non-seulement produisent, mais encore conservent pendant un grand nombre d'années ces germes miasmatiques, qu'une bonne culture seule peut détruire tout à fait. L'infection de l'air autour de Rome et dans la Province même doit être attribuée tant aux marais qu'aux terres incultes. On se trouve ainsi enfermé dans un cercle vicieux qu'il faut cependant rompre une bonne fois, cercle vicieux auquel presque tous les écrivains ont fait allusion : *que la*

Campagne de Rome n'est pas cultivée parce que l'air y est vicié, et que l'air y est vicié parce que la Campagne est inculte.

Nonobstant cette dernière cause de *mal'aria* par les terres non cultivées, ils reste toujours établi que les plus larges sources des miasmes qui empoisonnent l'air dans la province romaine sont les Marais Pontins, les étangs d'Ostie, de Maccarese, de Porto, de Campo-Salino, et quelques autres plus limités et secondaires, comme les mares, les bourbiers qui se trouvent répandus en grand nombre sur notre territoire, surtout dans les plaines basses le long des plages de la Méditerranée. Là les eaux, ayant un écoulement difficile vers la mer, séjournent, se transforment en marais, ou pour le moins rendent le sol humide et marécageux, ainsi que cela se produit dans cette grande étendue de terres basses d'alluvions formée du delta du Tibre, l'*Isola Sacra*. — Les miasmes qui proviennent de cette vaste étendue marécageuse, de cette source inépuisable, n'étant arrêtés ni par des arbres ni par d'autres obstacles se répandent dans un grand rayon à l'entour et, poussés par les vents, peuvent parvenir à des distances considérables [1].

A l'égard des retenues d'eau peu étendues, je dirai

1. Si les sables du grand désert de Sahara, traversant la mer, peuvent arriver en Sicile, à Naples et jusqu'à Rome (*Bull. mét.* de l'Obs. du Col.), il n'est pas étonnant que les miasmes paludéens soient poussés par les vents bien loin de leur pays d'origine avec d'autant plus de facilité qu'ils ne rencontrent pas d'obstacles.

encore que si elles sont isolées et dans des pays où l'air est salubre, elles causent peu de dommages, tandis qu'elles deviennent dangereuses quand elles se trouvent dans une localité déjà malsaine, comme l'est toute la Campagne de Rome, puisque les germes miasmatiques produits par les grands marécages se reproduisent abondamment même dans les petits marais. C'est précisément à ces sources locales de miasmes qu'on peut attribuer l'infection de quelques parties de la Campagne et de la ville de Rome plus dangereuses que d'autres, comme par exemple la *Via dei Cerchi* et *de Saint-Sébastien;* là l'air est tout à fait vicié par le voisinage du fossé dit *Marrana,* qui rend humide le terrain à l'entour et laisse sur quelques points des eaux stagnantes. Une personne qui possède là un moulin m'a rapporté qu'ayant été obligée d'y faire faire des réparations pendant l'été les ouvriers avaient été presque tous atteints de la fièvre. Sont encore insalubres les voisinages des fossés du château Saint-Ange qui, pendant l'hiver, s'emplissent des eaux provenant des débordements du Tibre, et pendant l'été se dessèchent et envoient des effluves qui produisirent autrefois de graves épidémies décrites par Lancisi. Ces observations présentent un enseignement pratique, c'est d'assainir dans la Campagne de Rome et à l'intérieur de la ville ces divers lieux, foyers locaux, mais très-actifs, de miasmes empoisonnant extrêmement l'air sur quelques points qui autrement seraient beaucoup moins malsains. Il serait donc très-utile que des travaux partiels et de peu de dépense, très-faciles à exécuter, apportant une prompte et très-appréciable amélioration sur ces points, soient exécutés dès à présent et sans attendre le desséchement et l'amélioration si désirés de toute la Campagne romaine.

Ici je ne puis me dispenser d'indiquer aussi comme cause de *mal'aria* ces nombreuses retenues d'eau, quelques-unes assez étendues, qui se trouvent le long des remblais des chemins de fer, et quelquefois à côté des voies carossables communales ou provinciales. J'ai moi-même vérifié que plusieurs localités dans le voisinage du littoral de l'Adriatique, autrefois très-salubres, sont maintenant infectées de fièvres périodiques depuis les travaux et l'ouverture des chemins de fer méridionaux. Il appartient au Gouvernement de pourvoir à tant d'inconvénients en contraignant les compagnies de chemins de fer à exécuter les travaux nécessaires pour donner l'écoulement à ces eaux stagnantes, ou de faire combler ces affouillements, véritables marais artificiels, appelés *case* ou *cavi d'imprestanza*, caves d'emprunt, où les eaux séjournent et se corrompent, et de défendre rigoureusement que dans nos campagnes on en forme d'autres lors des nouvelles lignes de chemin fer à construire [1].

1. Si les eaux stagnantes et marécageuses sont la principale cause des miasmes paludéens, il convient de faire remarquer que toutes les eaux dans cet état ne produisent pas la *mal'aria*

Le mélange de l'eau douce à l'eau salée, qui a lieu dans le voisinage de la mer comme dans les marais de Maccarese, d'Ostie, de Campo-Salino, et jadis dans les maremmes de Toscane, est également une source active du miasme. La raison de ce fait peut être attribuée (je compte le démontrer dans un autre travail dont je m'occupe) aux algues marines et aux autres végétaux qui croissent dans chacune de ces eaux, y meurent et se putréfient les uns et les autres

et qu'il y a certaines circonstances spéciales qui s'opposent à la production du miasme, ainsi que nous le voyons quand les eaux sont assez abondantes pour former des lacs étendus et profonds d'où elles ne se retirent pas, ou même quand elles contiennent une grande quantité de tourbe, d'asphalte ou de substances bitumineuses et antiseptiques, comme dans les lacs de Judée et de Samarie; enfin lorsque certaines plantes aquatiques y croissent, comme par exemple la *Jussiena grandifolia* qui, d'après le docteur Cartwright, jouit de la singulière propriété d'empêcher que les eaux même stagnantes se corrompent et les conserve claires et pures. Et ce n'est pas la seule plante qui jouisse de la propriété d'épurer les eaux stagnantes; selon Gordon, il y en a d'autres, parmi lesquelles je mentionne : l'*Hydrocaris*, le *Macrophyllum*, la *Vallisneria*, l'*Anacharis alsinatum*, l'*Alisma plantago*, le *Butomus umbellatus*, le *Ranunculus aquatilis*, la *Regina Victoria*, la *Pistia*, etc., réputée la plus efficace pour améliorer en peu de jours les eaux corrompues, à ce point que le poisson peut y vivre. On m'a raconté, il y a peu de temps, que dans les marais formés des eaux de la Sprée, près Berlin, la plante connue sous le nom d'*Aelodea canadensis* avait poussé par hasard, il y a peu d'années. En peu de temps, cette plante avait pris une végétation vigoureuse partout où se trouvaient des eaux mortes. L'air qui était là précédemment malsain s'améliora considérablement, et bientôt dans le voisinage s'élevèrent des maisons et des habitations pour les gens de la campagne.

toutes les fois que se produit le mélange susdit. De là on peut conclure facilement que ce mélange active davantage les progrès de fermentation et de corruption que nous avons souvent signalés comme étant la source principale du miasme.

Pour compléter l'énumération de toutes les causes et conditions nécessaires à la production de la *mal'aria*, il ne reste à dire que quelques mots de la température atmosphérique. Nous avons vu que pour engendrer le miasme, outre les eaux stagnantes et les terres vaseuses, un certain degré de chaleur était encore nécessaire; c'est précisément celui que nous avons dans notre pays pendant les mois d'été, où il varie de 20 à 30 degrés. Dans l'hiver, les terrains marécageux ou bourbeux ne fermentent pas et se putréfient encore moins, parce que la température basse de cette saison empêche la putréfaction végétale. Mais dans le mois de juin, dès que l'air commence à s'échauffer, aussitôt commencent à se développer ces principes de corruption qui atteignent leur plus forte intensité dans les mois d'août et de septembre. Nous trouvons une autre preuve de la nécessité du concours d'une température élevée en examinant les marais situés dans les régions septentrionales de la Russie et de la Suède, qui habituellement ne causent presque pas de maladies ou de fièvres aux habitants qui les avoisinent, tandis que ceux des régions méridionales deviennent très-meurtriers. Par conséquent, nous pouvons avec autorité affirmer que le malignité des effluves paludéennes existe en raison directe du degré inférieur de latitude.

J'ai indiqué que des corpuscules végétaux extrêmement ténus constituent le miasme paludéen ; et quoique aujourd'hui la plus grande partie des médecins et des savants soient de cet avis, cependant tous ne s'accordent pas : tel le prétend de nature animale, *microzoi;* tel autre veut le faire provenir d'une combinaison chimique. Je n'entreprendrai pas ici de réfuter ces diverses opinions, désormais professées par un petit nombre ; car je suis convaincu par mes recherches, comme le sont également la plupart des médecins et naturalistes, que ce miasme paludéen est indubitablement d'une nature végétale, et plus particulièrement constitué de cellules reproductives ou sporules appartenant suivant moi à une espèce d'algue de très-petite dimension et que j'ai décrite ailleurs. La vérité de ce fait est établie par des preuves non douteuses, fournies par mes nombreuses expérience chimico-microscopiques, et par les accès de fièvre intermittente que j'ai éprouvés dans l'accomplissement de ces expériences, pour avoir involontairement respiré à plein nez l'air imprégné de ces corpuscules microscopiques renfermés dans un vase ; et aussi par les recherches de Lanzi et Terrigi, ci-dessus nommés, par celles faites en Amérique par Safford et plus récemment par Barlett [1]. Ces derniers auteurs

1. *On a marsh plant from the Mississipi river ague bottoms*, etc., from John Barlett. *Chicago Medical Journal*, january, 1874.

conviennent que le miasme paludéen est d'une nature végétale et constitué de corpuscules germinatifs d'une plante d'un ordre inférieur. A ces corpuscules, ils ont donné différents noms : *miasmes*, *spores*, *atomes germinatifs*. Il reste encore à établir avec certitude quelle est l'espèce de plante à laquelle appartiennent ces germes reproductifs. Les uns la rangent dans l'espèce des petits palmiers nains, les autres l'assignent à l'espèce des algues ; c'est aussi mon opinion.

Quant à cette divergence d'opinions sur la véritable nature de la plante, si d'une part elle est d'une grande importance au point de vue scientifique, d'autre part, on peut la regarder comme une question secondaire depuis que les expérimentateurs, d'accord avec les résultats de mes propres expériences, ont admis et reconnu que l'essence du miasme paludéen était de nature végétale [1]. Je veux avouer cependant un doute, c'est que ce miasme pourrait être par hasard constitué non-seulement de germes d'une espèce végétale unique et distincte, mais de plusieurs espèces diverses : les unes, de celles qui croissent dans quelques régions

1. Quoique M. le professeur A. Selmi, dans ses premières leçons de chimie hygiénique, n'attribue pas une très-grande importance à la présence des spores, il a cependant, dans une seconde publication (le *Miasme paludéen*, *nouvelles leçons de chimie hygiénique*, *Padoue*, 1871), modifiant en partie son opinion, démontré que ces productions spéciales chimico-fermentatives, provenant, dans son opinion, de la rosée paludéenne, étaient dues avant tout aux spores miasmatiques.

de l'Amérique, les autres, de celles qui croissent dans les régions de l'Italie ou ailleurs; dans ce cas, le miasme paludéen, quoique étant toujours d'une nature végétale, proviendrait d'espèces diverses. Cette hypothèse assez probable peut servir à mettre d'accord les différents résultats obtenus par les observateurs, résultats variant selon les lieux où furent faites leurs recherches. Pourtant, quelles que soient la nature et l'espèce que l'on veut attribuer à ce miasme, un fait est certain, c'est qu'il est constitué d'un principe nuisible, c'est-à-dire de corpuscules spéciaux organiques qui se trouvent dans l'air. Par conséquent, les moyens et les prescriptions que je conseillerai pour se préserver de leurs effets pernicieux seront toujours utiles.

Le miasme paludéen, quelle que soit la diversité du germe admis, s'introduit dans le corps par des voies diverses : par celle de la respiration, c'est-à-dire par la trachée, les bronches, les poumons, avec l'air aspiré, et c'est le cas le plus fréquent; par la voie de l'estomac avec les aliments et plus facilement avec les boissons, principalement si l'eau est déjà infectée; enfin par la peau, c'est-à-dire quand la transpiration, après avoir ouvert les pores de la peau, vient à être supprimée par une cause externe. On ne peut mettre en doute, après les expériences variées et nombreuses qui ont été faites, que quelques parties de miasme puissent s'introduire même par la peau, surtout si nous considérons que quelques membranes et les parois même des vases peuvent être traversées par les globules blancs du sang. Cette absorption cutanée se produit assez fréquemment et d'une manière marquée quand il s'agit de miasmes paludéens. En effet, toutes les précautions comme l'usage des vêtements de laine qui ont pour but de recouvrir la peau sont précisément celles qui réussissent encore le plus à préserver des miasmes. Cela a peut-être été l'origine de la coutume si répandue chez les anciens Romains de se frotter souvent le corps avec une substance grasse. Ces principes miasmatiques introduits dans l'organisme par les voies indiquées, notamment par la bronche pulmonaire (où l'absorption a lieu le plus facilement), par la voie de l'estomac, ou à travers les pores de la peau qui se trouvent en nombre infini dans l'épiderme, sont absorbés par les capillaires du système sanguin et par les petits vaisseaux lymphatiques, jusqu'à ce qu'enfin, transportés dans la circulation, ils s'arrêtent et s'accumulent dans les glandules, principalement dans celles du mésentère, dans le foie et encore plus dans la rate. Aujourd'hui, on veut que ces granules bruns ou de pigment, — *melanina*, — qui se rencontrent par groupes en masses noirâtres dans les viscères d'individus morts de fièvres pernicieuses ou de cachexie, c'est-à-dire par la lente infection paludéenne, soient constitués de granules provenant d'un ferment spécial, des bactérides. Quant à moi, je maintiens qu'ils dérivent peut-être de sporoïdes qui ont éprouvé dans ce milieu quelques modifications : le miasme ainsi insinué dans l'organisme l'infecte, et, réagissant spécialement sur les éléments du sang et de la lymphe, produit tantôt une légère perturbation des différentes fonctions, tantôt de graves maladies, comme les fièvres rémittentes et intermittente, et surtout les fièvres pernicieuses.

La manière de réagir de ces petits corpuscules miasmatiques après s'être introduits dans la circulation, leurs effets et les phénomènes chimico-physiologiques qu'ils ont coutume d'y susciter, ne sont pas encore bien connus de la science, et quoique ces miasmes aient une propriété vénéneuse, leur action est bien différente, dans le sens toxicologique, de celle des poisons. Les hypothèses, pour expliquer l'action intime des miasmes, sont nombreuses, mais étant un peu étrangères au sujet actuel, je n'ai pas l'intention de les discuter. Cependant, pour plus de clarté, je dirai que les miasmes produisent dans l'organisme des effets de différentes sortes : quelques-uns consistent seulement dans une *irritation locale* sur un ou plusieurs organes et viscères ; d'autres peuvent être assimilés au *phénomène de la fermentation*, ce qui revient à dire que les miasmes produisent dans le corps, et particulièrement dans le sang, des décompositions spéciales, en grande partie semblables aux fermentations chimiques comme sont, entre autres, la saccharine, l'acétique, l'urique et la lactique, etc. En effet, ces ferments, quels qu'ils soient, sont constitués à la manière des miasmes d'êtres inférieurs, animaux ou végétaux, *micrococchi, batteridi*, etc., qui réagissent sur plusieurs substances fermentescibles, le sucre, l'alcool, l'urée, et les décomposent. Une fermentation ne peut avoir lieu sans la présence de ces êtres organiques imperceptibles. Or de ces fermentations que les miasmes produisent dans l'intérieur de l'organisme résulte un trouble considérable dans quelques fonctions vitales ; de là ce grand nombre et cette diversité de maladies qui précisément sont appelées *zimotiche* ou *da fermento*, telles que le typhus, le choléra, la fièvre intermittente. Faisons seulement observer que telle action de fermentation interne produit quelques nouveaux composés chimiques ou substances organiques, plus ou moins vénéneux, comme l'ammoniaque, l'acide lactique, qui, corrompant le sang, augmentent encore plus la gravité des symptômes morbides.

A l'égard de la fermentation, je rappellerai que le docteur Bence Jones, qui m'a donné gracieusement communication de ses travaux à Londres, a découvert dans les tissus animaux, et surtout dans le cristallin de l'œil et dans le foie, une espèce de substance qu'il appelle *chinoidina animale*, précisément à cause de sa propriété fluorescente identique à la quinine. Or le miasme paludéen, selon l'opinion de quelques médecins, décomposerait ou éliminerait de l'organisme cette chinoidina, et à sa disparition succéderait la fièvre, hypothèse toute autre que celle confirmée par les faits.

Si pourtant le miasme paludéen produit dans l'organisme des phénomènes de fermentation, il y provoque encore, comme nous l'avons dit, d'autres phénomènes d'irritation et d'altération pathologiques sur quelques organes et viscères, spécialement sur le système nerveux, soit vasculaire, soit ganglionaire ; même quelques physiologistes modernes pensent que le miasme paludéen, réagissant principalement sur le nerf grand-sympathique, en diminue l'action ou la puissance physiologique ; et de l'affaiblissement de l'action propre à ce nerf ils font dériver uniquement les fièvres et les autres symptômes qui accompagnent les maladies produites par le miasme paludéen. Je ne doute pas que ce miasme puisse affaiblir et abattre la tonicité ou la puissance physiologique du nerf grand-sympathique ; je crois même qu'on doit attribuer à cette cause la sensation de lassitude et d'abattement que l'on éprouve dans les lieux de *mal'aria*. Cependant je maintiens toujours que l'action intime, l'effet le plus important produit par le miasme dans notre organisation est fermentatif, ou *chimico-vital*, et que l'état fébrile en dérive. La divergence des opinions qui divisent les pathologistes sur ce point important vient de ce qu'ils n'ont pas distingué ces deux espèces de phénomènes différents et séparés. En voilà assez pour le moment sur cette question ; je me réserve d'en reparler dans un autre travail.

Après ces quelques détails relatifs aux effets immédiats produits par le miasme dans l'économie animale, je répéterai que le miasme paludéen, c'est-à-dire les sporules en question ne végètent pas et ne se multiplient pas dans le corps humain, ou du moins n'y reproduisent pas d'autres germes doués de la même nature corruptive, c'est-à-dire ayant la propriété d'y susciter la fièvre intermittente, comme le font les germes produits primitivement et exclusivement en dehors de l'organisme, à savoir, provenus des terrains marécageux, incultes et humides. Quelque soin que j'aie mis dans les recherches que j'ai faites sur le sang des malades, le foie ou la rate d'individus qui ont succombé à la fièvre pernicieuse, je n'ai jamais pu réussir à découvrir la plus légère trace de la petite plante. Je ne suis cependant pas éloigné de croire que les granulations du pigment consistent en germes miasmatiques plus ou moins modifiés dans ces viscères, où ils ont pu se diviser en fragments (*segmentazione*), engendrant des êtres d'espèces et de propriétés différentes en tout de celles produites dans les réceptacles de l'algue ou, si l'on veut, de tout autre cryptogame qui existe dans les terrains susdits.

Mais je soutiens que ces dernières seules, après s'être introduites en abondance dans le corps par les voies ci-dessus indiquées de la bouche ou de la peau, s'y comportent à la manière des ferments, en produisant la fièvre intermittente. Chaque accès de cette fièvre représente, dans mon opinion, un progrès interne de décomposition ou de fermentation (que Selmi prétend être de nature lactique) pendant lequel se décompose un principe quelconque (*substanza fermentabile*) de l'organisme et peut-être plus exactement du sang. Cette décomposition venant à cesser, tout trouble apparent des fonctions cesse, de même que l'accès de fièvre. Celle-ci reparaît chaque fois qu'après un repos l'organisme est pénétré de nouveau d'une certaine quantité de ce même principe ou de cette matière fermentescible sur laquelle les sporules agissent comme ferment. L'intervalle de temps demandé à notre organisme pour cette reproduction de substance fermentescible peut être de 1, 2, 3 jours, et quelquefois davantage; de là proviennent les accès de fièvre à type quotidien, ternaire, quaternaire ou incertain. Ces paroxysmes peuvent se rencontrer plusieurs fois, jusqu'à ce que les germes miasmatiques soient éliminés ou détruits par les forces naturelles, par les médicaments et surtout par la quinine. Telle est la théorie la plus probable selon moi, celle qui peut expliquer la périodicité ou l'intermittence de la fièvre des miasmes paludéens. Toutefois elle ne peut être affirmée comme certaine et immuable.

Les traces que les maladies paludéennes, spécialement les intermittentes, laissent sur notre corps sont telles qu'elles ne peuvent échapper aux yeux. Nous en avons une preuve frappante en ces paysans qui vivent dans les localités les plus malsaines de notre province. Ces malheureux ont la peau d'une couleur jaune, terreuse, le ventre tuméfié par l'engorgement de la rate et du foie et par des épanchements séreux ; la chair est décolorée et flasque, le sang décomposé, pauvre en globules, les jambes et les pieds sont gonflés, les forces abattues, d'où la paresse et le dégoût de tout travail. Ils ont une grande disposition à contracter d'autres maladies qui sont toujours graves, sinon mortelles. Si cet état dure quelque temps, les facultés intellectuelles s'affaiblissent, l'imagination s'obscurcit, les sensations, les affections sont moins nombreuses et moins vives ; il n'est pas rare de rencontrer, dans les localités très-viciées par la *mal'aria*, des jeunes gens presque stupides, idiots ; là également ne sont pas rares les cas de folie. Un pareil état physique et moral doit être attribué aux fièvres répétées et graves, c'est-à-dire à un empoisonnement considérable miasmatique. Il peut également se manifester, quoique à un degré beaucoup moindre, chez quelques individus qui ont habité longtemps dans des régions malsaines, quoiqu'ils n'aient pas été, depuis peu, soumis à des fièvres intermittentes, si pendant longtemps ils ont respiré un air humide et vicié par les miasmes paludéens ; une lente infection s'est produite en eux, que les médecins appellent cachexie paludéenne. Tous ces individus, particulièrement les premiers, mènent une existence malheureuse et de courte durée ; ils sont prédisposés à succomber à une maladie accidentelle et surtout à la pneumonie. Presque aucun d'eux n'arrive à la vieillesse, ainsi que le démontrent trop clairement les observations statistiques faites dans d'autres pays malsains, et que l'on recueille aujourd'hui chez nous, mais un peu tardivement [1].

Pour susciter des effets rapides et aigus de la *mal'aria*, que ceux-ci soient de légers accès de fièvre intermittente ou des accès graves et pernicieux, il ne suffit pas toujours d'avoir absorbé quelque miasme paludéen, qui peut pendant un temps plus ou moins long rester inconnu et inoffensif dans l'organisme, mais il faut encore le concours d'autres circonstances, d'autres causes déterminantes et souvent nécessaires, pour que le miasme, jusqu'alors latent, se trouve en état de pouvoir manifester son action nuisible sur l'économie animale et d'y éveiller cette action de fermentation dont nous avons parlé. Ce miasme à lui seul, en effet, ne nuit qu'aux organismes préparés et disposés à le ressentir, comme chez les malades, les convalescents, les individus d'une santé débile et maladive. Par conséquent,

1. RHEINHARD, *Étude statistique de l'influence des contrées paludéennes sur la durée moyenne de la vie. Annales d'hygiène*, 1862. — FONSSAGRIVES, *Études sur les marais*, *Annales d'hygiène*, 1869 ; — plusieurs anciens, parmi lesquels Lancisi, Price, Muret, et parmi les modernes Bertillon, Regy et Dellom, ont écrit sur cette question et ont montré avec des chiffres exacts la mortalité considérable dans les régions paludéennes, surtout parmi les petits enfants. Il paraît encore prouvé que dans ces pays la fécondité des mariages est moindre que dans les pays non marécageux.

pour s'en ressentir, il faut une *prédisposition individuelle* [1]. Je vais essayer d'être plus clair ; les personnes qui respirent pendant quelque temps un air vicié, ou qui vivent dans une localité infectée de miasmes paludéens, ne sont pas toutes absolument prises par la fièvre périodique, surtout si elles mènent une vie réglée et si elles veillent à ne pas s'exposer à l'influence des causes qui y disposent. Mais pour peu qu'elles négligent les précautions convenables et contreviennent aux règles hygiéniques, alors les effets de la fermentation due à l'intoxication paludéenne se produisent, et ces personnes tombent malades. Cela arrive par deux raisons différentes : soit parce que, sous l'empire de ces causes, notre organisme absorbe une quantité beaucoup plus grande du miasme, et devient, après cette absorption, beaucoup plus débile et plus faible ; soit plutôt, selon quelques-uns et comme nous l'avons vu précédemment, parce que le nerf grand-sympathique perd, par l'effet du miasme, sa tonicité normale, et par conséquent sa faculté de réagir, ou autrement sa puissance physiologique devient moindre. De quelque manière que se produise le phénomène, c'est un fait certain qu'un individu qui séjourne dans une localité malsaine, s'il réussit à éloigner de lui toute cause qui peut lui faire absorber trop de miasme

1. « Nam vitium æris raro agit nisi in corpora ad excipiendam labem parata. » LANCISI, *de nox. pal. effl.* Lib. I, p. 11, chap. VII.

paludéen, peut vivre assuré de ne pas tomber malade; si même cet individu, en vivant dans cette atmosphère imprégnée du miasme, ne peut éviter une absorption quelconque, il pourra néanmoins encore réussir à maintenir le miasme à l'état latent et inerte — *stato antefermentativo* — et à éloigner la fièvre, pourvu qu'en réalité il se conserve sain et robuste, c'est-à-dire qu'il ne soit ni atteint par une autre maladie ou indisposition de santé, ni affaibli par une faute contre l'hygiène. Ce miasme en diminuant la tonicité et la vitalité du nerf grand-sympathique, ou, pour m'expliquer vulgairement, en troublant les fonctions de notre organisme, provoquerait contre lui l'action de ce principe miasmatique et le ferait atteindre par la fièvre.

Il est de grande importance de distinguer l'*état latent* de celui que les pathologistes nomment l'*état d'incubation.* L'incubation est le temps nécessaire que demandent les miasmes et les virus, depuis leur absorption dans l'organisme, même en doses très-minimes, pour y produire manifestement leurs effets morbides; elle a lieu habituellement dans des limites définies, qui peuvent varier de 1 jour à 2 et même à plusieurs mois; ce temps passé, la forme morbide se manifeste nécessairement et toujours. La période ou mieux l'état latent est celui dans lequel quelque miasme, de quelque manière qu'il ait été absorbé pour la quantité ou pour l'intensité, ou selon la résistance propre à chaque organisme, — tonicité du grand-sympathique, — n'est pas en mesure de produire une véritable maladie, qui ordinairement ne s'accuse que si une cause quelconque déterminante se produit pour la susciter. Cet état peut durer longtemps; bien plus, le principe miasmatique peut être souvent expulsé de l'organisme sans avoir produit sur cet organisme aucun phénomème morbide apparent, et cela n'est pas rare avec le miasme paludéen; si ce miasme, en effet, est absorbé en dose minime, il peut rester caché et inoffensif dans l'économie animale, et c'est précisément à ce but que tendent la plupart des mesures hygiéniques prescrites. C'est là surtout ce qui peut convaincre de leur efficacité préservatrice. Donc la *mal'aria* ou le miasme paludéen est la cause première active de la fièvre périodique — *momento causale specifico* — des physiologistes, tandis que la contravention à quelque principe d'hygiène ou un état morbide de l'organisme suscite presque toujours l'apparition de la maladie.

Nombreuses et variées sont ces circonstances particulières, ces causes déterminantes de la fièvre dans les localités paludéennes : ainsi se baigner par un temps de pluie, exposer le corps échauffé et en sueur à l'air frais et humide, dormir en plein air, s'arrêter à l'air au moment de la brume du soir, surtout avec des vêtements légers ; les graves préoccupations de l'esprit, les fatigues excessives, les excès de manger et surtout de boisson ; la privation du sommeil, les douleurs résultant de grandes maladies ou de graves opérations chirurgicales, la convalescence, etc., et beaucoup d'autres dont nous parlerons plus tard. Il est tellement vrai que de telles infractions à l'hygiène et que de telles autres causes spéciales et accessoires contribuent puissamment à déterminer la fièvre (bien entendu dans tous les pays de *mal'aria*) que certains auteurs, ainsi que je l'ai indiqué précédemment, ont confondu quelques-unes de ces causes avec le miasme lui-même, et ont émis l'opinion que les maladies, loin de provenir du miasme paludéen, n'avaient pour cause que les variations atmosphériques très-fréquentes, les rapides changements d'équilibre de température ou d'humidité, et particulièrement ceux qui se produisent en été entre le jour et la nuit. Cette opinion, approuvée par Minzi, Santarelli, Folchi, Michel, a donné naissance à divers jugements et à des appréciations fausses sur l'origine de la *mal'aria* et sur les conditions de notre climat. Il est inutile que je discute, pour prouver que ces opinions sont indubitablement erronées, car c'est aujourd'hui un fait bien reconnu et affirmé que le climat de Rome, contrairement à l'opinion de Collin et de quelques auteurs, est moins sujet à des variations rapides de température que ne l'est celui de beaucoup de parties de l'Italie plus intérieures, où ne dominent aucunement les fièvres intermittentes; celles-ci, je le répète, sont toujours un effet des miasmes et jamais l'effet des changements fréquents d'équilibre de la température [1].

Faisons observer que c'est sur l'éloignement de ces circonstances spéciales, de ces infractions, « *causes occasionnelles, provocantes et déterminantes,* » qui disposent l'organisme tant à absorber le miasme qu'à en retarder les effets morbides après l'absorption, que sont basés tous les conseils salutaires et tous les préceptes hygiéniques que nous proposons, comme étant propres à nous préserver en partie des tristes conséquences de la *mal'aria.* Il n'est donc pas difficile de nous convaincre qu'il dépend beaucoup de nous, de notre conduite hygiénique, de pouvoir mener, même dans les régions insalubres, une existence suffisamment saine, et souvent à l'abri des fièvres miasmatiques, intermittentes ou rémittentes. Cette

1. *Traité des fièvres intermittentes,* par L. Collin. (Paris 1870. — *Des conditions hygiéniques du climat de Rome,* lecture du P. A. Secchi. Rome, 1865. — Pareto, traitant de ces différences de température, s'exprime de la manière suivante : « L'écart d'équilibre dans une même journée, à Rome, entre deux heures quelconques d'observation, ne fut jamais au-dessus de 8,6. Quoique considérable, il a été dépassé dans cette même année par celui des autres villes situées dans des climats sains, par exemple en juillet, à Aoste, 10,7, à Mondovi, 9,1. » *Relation sur les conditions agraires et hygiéniques de la campagne de Rome,* Firenze, 1872. Encore le P. A. Secchi, dans une *Seconde Lettre sur le climat de Rome,* 1866, écrivait : « Ces changements, quoiqu'ils soient souvent un peu trop rapides et même assez fatigants, cependant, en fin de compte, j'ai eu lieu de me convaincre que chez nous ils sont moins rapides et moins impétueux que dans d'autres localités intérieures ou plus voisines de la mer. »

sécurité, nous pouvons l'avoir presque avec certitude à Rome, surtout dans le centre habité où la *mal'aria*, comme nous l'avons dit plusieurs fois, est si faible qu'on réussit sans peine à se garantir de son influence. Maintenant on comprendra facilement quelle utilité, quels avantages présente, pour le maintien de la santé, l'observance de toutes ces prescriptions sanitaires, qui ne se fondent pas sur des idées vagues et abstraites, mais bien sur des faits positifs, démontrés par la science et confirmés par une longue expérience.

Les quelques détails donnés jusqu'ici sur la nature du miasme paludéen, sur sa manière de se comporter, me paraissent suffire pour en donner une idée exacte, bien que sur ce sujet, au lieu d'un chapitre, je dusse écrire un volume. Cependant, avant d'abandonner le sujet, et pour mieux mettre en relief quelques notions de plus grande importance, je rapporterai les conclusions de mes recherches sur les miasmes, exposées en partie dans l'ouvrage cité plus haut :

« Le miasme paludéen est exclusivement engendré dans les eaux d'infiltration, ou marécageuses, c'est-à-dire stagnantes et en fermentation, comme aussi dans les terrains incultes ou humides.

« Ce miasme est essentiellement constitué de sporules ou de cellules reproductives, ou de granulations (*micrococchi*) contenues dans les réceptacles d'une petite plante que je maintiens être de l'espèce des algues ; et, autant qu'il est donné jusqu'à présent de le savoir, il ne provient pas d'autres végétaux, ni de zoophytes, et encore moins des gaz délétères.

« Ces sporules se détachent et sont transportés dans l'air avec une extrême facilité, suivant les effets de l'évaporation de l'eau, du brouillard ou de la rosée.

« Les conditions nécessaires à la reproduction des sporules, à l'accroissement de l'algue, sont : les eaux infiltrées dans les terres ou stagnantes, la température élevée de l'été, la présence de substances organiques, surtout végétales en état de décomposition, le contact de l'air.

« Les sporules peuvent s'introduire dans l'organisme par les voies de l'estomac, des bronches, des poumons, et par les tissus cutanés, c'est-à-dire être absorbés par la muqueuse ou par la peau.

« La quinine est un puissant antimiasmatique ; elle a une action modificatrice décisive et énergique tant sur la structure et les principes de cette petite algue que sur ses sporules, de sorte qu'elle leur enlève toute propriété morbifique.

« Les germes miasmatiques introduits dans l'organisme y agissent en produisant des phénomènes de deux ordres différents, l'un *physio-pathologique*, qui s'exerce directement sur le nerf grand-sympathique, l'autre, plus important, *chimico-vital* ou de fermentation, c'est-à-dire identique à la marche des ferments. Un paroxysme fébrile correspondrait à une période de fermentation.

« Le miasme, quoique absorbé, peut rester inerte et inoffensif dans l'organisme. Pour en réveiller les effets morbides, l'intervention d'autres causes occasionnelles et provocantes est souvent nécessaire. L'éloignement de ces causes est un moyen efficace pour prévenir les maladies par l'infection paludéenne. »

Avant de finir le chapitre, je répondrai à une question qui se présente nécessairement à l'esprit de tout lecteur. « Si les eaux marécageuses et corrompues, si les vastes surfaces de terres incultes sont la source de tant d'exhalaisons méphitiques, de tant de maux, que l'on ne peut toujours éviter malgré les précautions les mieux entendues, ne serait-ce pas une prévoyance beaucoup plus opportune et plus efficace que toutes les précautions, d'éloigner et de détruire tout à fait les foyers des miasmes en question, grâce à une culture raisonnée et étendue de la province de Rome, à l'amélioration et au desséchement des marais, des étangs, et des terrains marécageux et humides quels qu'ils soient ? »

Il n'y a aucun doute que de telles mesures générales ne fussent bien meilleures, parce qu'elles seraient réellement radicales; partout où elles ont eu lieu elles ont réussi à merveille : ainsi dans les districts du Lincolnshire et de Kelso, en Sologne, en Hollande, dans les environs de Manheim, en Algérie, à Bône et à Boufarik, dans le nord-ouest des États-Unis d'Amérique, spécialement dans la Californie, le long des fleuves de San-Giovachino et du Sacramento, de même dans plusieurs localités de l'Italie, notamment les maremmes de Toscane, les lacs de Bientina, d'Agnano et de Fucino, le territoire qui longe le Sele dans la province de Salerne, la vallée de Chiana, la campagne Sarnese et plusieurs vallées sur les territoires de Vérone et de Ferrare, etc.

Sans doute, pour accomplir une entreprise aussi considérable, comme le réclame impérieusement la civilisation moderne, les moyens dont disposent les sciences sont heureusement tels qu'ils ne manqueraient pas de réussir aussi chez nous; toutefois l'on est forcé d'avouer que pour les mettre en pratique ici, dans notre campagne, on rencontrera de nombreux obstacles et des difficultés qui sont et seront difficilement vaincues sans le concours d'énormes capitaux associés, sans des lois spéciales et de bons règlements sanitaires ; il y faudra aussi la durée de plusieurs années de travaux suivis avec persévérance. Avec cela, je ne doute pas un moment que l'air de Rome puisse être rendu pour le moins aussi salubre qu'il l'était au temps des anciens Romains. Toutefois une légère infection miasmatique pourrait encore subsister sur son territoire environnant, mais telle, qu'elle ne produira pas grand effet et pourra s'affaiblir et disparaître entièrement avec le cours des années, avec l'accroissement de la population et une culture bienentendue. Celle-ci, en remuant continuellement la superficie des terres, diminuera cette lente fermentation terreuse, et non-seulement empêchera la production de nouveaux miasmes, mais dispersera certainement tous ceux qui depuis si longtemps sont accumulés dans les couches du sol et les détruira en les exposant à l'air et au soleil. En effet, l'expérience a prouvé aujourd'hui d'une manière certaine que beaucoup de localités, où l'air était vicié, n'ont été assainies que par une culture active. La Campagne même de Rome, ainsi que le fait justement observer Guerzoni, avant que l'homme y mît la main, était un espace d'une grande étendue, plus malsain et plus inhabitable qu'à présent, et ce fut seulement par une culture libre et persévérante, avec de bonnes lois agricoles et économiques, que les anciens Romains la rendirent salubre et fertile.

Il est donc absolument nécessaire que, pour assainir de nouveau notre sol, on revienne aux procédés que nous venons d'indiquer, puisque, comme l'écrit Cantani, « un pays salubre est le meilleur gage de la force croissante d'un État ; d'où le dessèchement des régions marécageuses s'impose désormais aux vues politiques de l'Italie renaissante». L'assainissement de la Campagne de Rome doit tenir au cœur de la nation encore plus qu'à celui de notre municipalité, et je me plais à penser que le gouvernement italien, quelque sérieux que puissent être ses embarras financiers, montrera par des lois sages et par un prompt commencement des travaux nécessaires qu'il ne veut pas faillir à sa tâche; enfin qu'il n'encourra pas le reproche que l'on fait trop peser sur le régime politique des papes. Ceux-ci, à l'exception de Pie VI et de quelques autres pontifes, n'ont pu ou n'ont pas su, pendant le cours séculaire de leur toute-puissance, faire tout ce qui était en leur pouvoir pour combattre efficacement les causes d'une pareille insalubrité. Alors non-seulement elle se maintint, mais elle s'accrut par l'effet des lois protectrices des *fidéicommis* et de la grande propriété. Ce n'est qu'après l'accomplissement des améliorations ci-dessus indiquées que nous pourrons obtenir sur cette vaste étendue l'assainissement de l'air, but auquel doivent tendre tous nos efforts, qui seront, comme je le disais plus haut, couronnés d'un heureux succès si nous savons les mener à bonne fin par la science et la persévérance, en suivant le remarquable exemple des Hollandais [1].

1. Les Hollandais, qui, par la hardiesse de leurs conceptions et leur habileté dans les moyens d'éxécution du desséchement de vastes étendues de terrains submergés, ont fait dire que « si Dieu avait créé le monde, ils avaient créé leurs rivages, » donnent encore en ce moment un nouvel exemple de ce qu'ils peuvent entreprendre en travaux de ce genre; il s'agit, en effet, du projet de desséchement d'une grande partie du Zuyderzée. Ce projet gigantesque, qui donnera à l'agriculture près de 200 000 hectares, est une entreprise sérieuse. Les plans des travaux à exécuter étaient naguère placés sous les yeux du public à l'Exposition de géographie à Paris, et la Chambre des Pays-Bas a voté récemment de nouveaux crédits pour compléter les études préparatoires. Par son importance, ce desséchement peut ajouter de nouvelles provinces aux Pays-Bas. (*Note du Traducteur.*)

Sans prétendre résoudre ici en peu de mots le problème de la *mal'aria*, je puis émettre quelques propositions, selon moi, indispensables pour l'extension utile de la culture et pour réussir dans les travaux à accomplir, afin d'éloigner efficacement la *mal'aria* tout au moins de la ville et d'un large rayon alentour.

Ce sont :

« 1° Construction de nouveaux centres d'habitation (bourgades, villages), étendus, commodes et placés dans des localités salubres ou rendues telles d'après les règles que j'indiquerai dans cet opuscule.

« 2° Culture bien entendue en zones graduelles et progressives à l'intérieur de ces centres peuplés ou colonies agricoles.

« 3° Lois prudentes sanitaires et règlements hygiéniques rationnels imposés à tous ces travailleurs campagnards ou colons. »

Dans le temps même où l'on mettra la main à ces mesures de prévoyance, il sera nécessaire de s'occuper du desséchement des terrains marécageux, vaseux, et de la plantation d'arbres feuillus, suivant en cela non plus des idées vagues et abstraites, mais bien des règles et des préceptes basés sur les progrès récents de la science et notamment sur les connaissances actuellement acquises en ce qui concerne le mode de production et de conduite du miasme paludéen [1].

1. Je me flatte, pour mon pays, que les difficiles et grandioses projets du général Garibaldi sur l'amélioration de l'*Ager*

Ce n'est pas que les influences pestilentielles ne persistent, ne durent même encore pendant un certain nombre d'années, surtout à l'époque des travaux d'amélioration et de culture, et n'imposent à l'hygiéniste et à l'homme de science le devoir de se préoccuper de cette situation et de pourvoir de toute manière, non-seulement à la conservation de ceux qui auront la mauvaise chance de naître et de séjourner longtemps dans des régions jusqu'à présent malsaines et inhospitalières, mais encore à la conservation des nombreux colons et ouvriers ruraux qui, occupés à ces nouveaux travaux, seront beaucoup plus exposés à de-

romanus se traduiront en faits, ce qui arrivera certainement, si le Gouvernement et la nation veulent y concourir avec tous les moyens dont ils disposent. Je crains seulement que notre Gouvernement ne soit pas disposé à une si grande entreprise. Il m'est permis d'en douter en quelque sorte après le discours récent du ministre des travaux publics au Parlement. Encore bien que de telles considérations du ministre aient du poids, je ne puis trouver bons et fondés les arguments et les raisons donnés pour combattre ces projets, notamment le motif qui pour lui était le plus sérieux, le manque de bras. De pareilles objections ont aujourd'hui peu de valeur, toutes les fois qu'on voudra véritablement et sincèrement se mettre à l'œuvre. Je fais des vœux pour que la persévérance de l'illustre général puisse parvenir à vaincre tous les obstacles qui entravent cette importante entreprise. Ainsi notre patrie, qui doit déjà en grande partie à cet homme illustre sa liberté et son indépendance, lui devra encore, en partie, sa prospérité et sa salubrité. Garibaldi a d'abord combattu pour la racheter, maintenant il combat pour l'assainir *.

* Traducteur fidèle et impartial des paroles enthousiastes de l'auteur, je ne les reproduis que sous toutes réserves.

(*Note du Traducteur.*)

venir victimes des émanations miasmatiques avant que celles-ci soient tout à fait écartées et annihilées.

Dans l'exposé que je fais de ces courtes règles hygiéniques, il ne faut pas croire que je sois entré dans de trop minutieuses et peut-être inutiles particularités, car si l'on ne se soumettait pas à une stricte observance de ces règles, on espérerait en vain obtenir la salubrité si désirée; et de même que dans les arts il y a souvent peu de distance entre le beau et le laid, de même, en ce qui concerne les phénomènes de la nature et les sciences expérimentales, il suffit d'avoir négligé quelques précautions pour que l'épreuve donne un résultat faux ou inexact. Cette observation a surtout de la valeur pour les précautions hygiéniques proposées, et, après tout ce que j'ai cru nécessaire d'indiquer sur l'origine, la nature et l'action du miasme paludéen, je puis espérer qu'elles seront bien comprises de tous et mieux appréciées.

III

Utilité des tissus de laine portés immédiatement sur la peau. — Vêtements appropriés à nos soldats. — La laine préserve la peau et active ses fonctions. — Elle nous affranchit du danger de l'absorption du miasme par les pores. — Elle transmet lentement l'humidité atmosphérique. — Maintient la température et la transpiration sur le corps. — Elle est un préservatif contre plusieurs incommodités. — Les draps de laine épurent l'air par filtration. — Propreté des étoffes de laine. — Leur pesanteur. — Tissus de coton préférables après la laine. — Les vêtements de soie peu salubres. — Résumé des avantages des vêtements de drap. — Utilité des manteaux. — Couverture de la tête. — Chaussures. —Propreté sur la personne, efficacité des frictions sèches. — Récapitulation sur les vêtements.

Quiconque séjourne dans une localité infectée de *mal'aria*, serait-ce même pour peu de temps, devra prendre un grand soin de la manière de se vêtir, afin de se préserver des impressions atmosphériques; il devra veiller également à la qualité des vêtements, à leur tissu, et même à leur forme. Il devra absolument, et sans aucune exception, se couvrir la peau d'une étoffe de laine; par conséquent, le gilet et le caleçon devront être de laine; il ne devra jamais négliger de porter de la flanelle sur la peau, même dans la chaleur de l'été, si ce n'est que, dans cette saison, il pourra avoir des tissus de laine plus fins et plus légers; les campagnards, les chasseurs et tous les ouvriers qui travaillent hors des localités habitées, et notamment dans les métairies plus malsaines de la Campagne romaine ne devront jamais transgresser cette règle, si utile, de se vêtir de laine sur la peau. C'est une précaution que l'on ne peut jamais assez recommander ; les personnes qui, par une excessive susceptibilité de la peau, ne peuvent supporter la gênante irritation que produit la laine, feront leur possible pour s'y habituer, et si elles ne peuvent y parvenir (cas bien rare parmi les hommes de la campagne), elles mettront au moins un gilet de coton. Brocchi regrette, avec raison, l'abandon de l'usage des anciens Romains de se vêtir toujours de grosse laine, et raconte que Télesphon, le compagnon d'Hygie, la déesse de la Santé, était représenté vêtu d'un ample manteau de ce tissu [1].

Pendant une longue série d'années, nos ancêtres n'ont porté que des vêtements de laine ; ils recherchaient celle qui venait de certaines villes, notamment de Tarente, Modène, Rome, et y mettaient un grand prix. C'est à l'usage de ces vêtements que des écrivains attribuent la bonne santé dont jouissaient les habitants du Latium. Brocchi, que j'ai déjà cité, n'hésite pas à attribuer presque exclusivement à cette habitude la santé florissante et la force physique des plus anciens Romains ; il fait observer que, dès l'abandon de ces vêtements grossiers de laine, pour en prendre de plus légers, ou de soie, ils devinrent moins vigoureux pour résister à l'influence morbide du mauvais air. « Mais il vint un temps, écrit-il, où

1. Brocchi : *De l'état physique du sol romain*, etc. 1820.

les principes délétères qui, en général, corrompaient l'air de ce beau pays, et auxquels on pourrait résister, s'ils n'étaient pas exaltés par des circonstances extraordinaires ou des causes particulières, étendirent leur triste influence sur la constitution humaine, et amenèrent un long cortége de maladies. Cette époque fatale est celle où les Romains abandonnèrent leur ancienne austérité, et, dédaignant les habitudes et la manière de vivre de leurs ancêtres, adoptèrent des coutumes étrangères et se laissèrent emporter à tous les vices qui sont les produits de l'opulence et du luxe ; alors, à ces modestes tuniques, à ces toges de laine, on substitua des vêtements de soie, de celle qui venait de Coo ou d'Assyrie, toutes étoffes qui se recommandaient par leur légèreté. Pline, parlant de celles qui venaient de l'île de Coo, explique clairement le motif qui les faisait préférèr : « Les hommes ne « rougissent pas, dit-il, de mettre de pareils vêtements, « parce qu'ils sont légers en été ; on est si déshabitué « de porter la cuirasse, qu'un simple vêtement même « paraît trop lourd [1]. »

« Ce serait un travail trop long, si l'on voulait citer toutes les autorités des anciens au sujet de la légèreté des vêtements qui devinrent en usage à Rome après le gouvernement de la République. Les femmes furent les premières à introduire cette mode, quelque temps avant sa décadence ; et quelques étoffes étaient d'une telle finesse que le mime Sirus dans

1. Liv. XI, ch. XXVII.

Petronius Arbiter les appelle, par métaphore, un vent tissé, *ventus textilis*, un nuage de lin, *nebula linea*.

« Viennent ensuite en foule les témoignages des écrivains qui se plaignent hautement de l'insalubrité de l'air de Rome et de la Campagne, plaintes très-rares dans les temps précédents ; à mesure que la mode de se vêtir d'étoffes légères devint plus commune, on vit se répandre davantage les maladies qui doivent leur origine à la *mal'aria*, et ces vêtements furent d'autant plus pernicieux que, par une coutume opposée et provenant aussi de la mollesse, on revêtait l'hiver des manteaux forts et velus. La toge n'était plus portée que dans des circonstances particulières et pour paraître en public. La saie était regardée par les élégants comme une antiquaille ; le manteau de laine même, qui pouvait en tenir lieu, était dédaigné de quiconque ambitionnait de paraître élégant. On verra, dans les temps qui succèdent, des vêtements étrangers portant des noms très-étranges : Trechedippe, Niceterie, Birri, Caracalle, les braies barbares, la saie-chlamyde, et cent autres. » (BROCCHI, déjà cité.)

Je ne doute pas que l'abandon des vêtements de grosse laine puisse être en partie la cause qui rendit les Romains plus susceptibles que leurs ancêtres de ressentir les effets de la *mal'aria;* cependant je ne pourrais me résoudre à croire que chez eux cette résistance moindre aux effets du miasme paludéen doive être attribuée exclusivement au changement de vêtements, ainsi que le disent Brocchi et d'autres écrivains. La cause en est encore dans le changement général de manière de vivre, et surtout dans l'augmentation de l'insalubrité des terres, produite par l'abandon de la culture, qui était tenue en si grand honneur par les anciens Romains, et qui fut ensuite négligée et abandonnée aux esclaves par les générations suivantes, devenues les maîtresses du monde.

Aujourd'hui, cet état d'insalubrité de notre territoire est tellement augmenté, que le vêtement de laine, quoiqu'il doive être regardé comme le meilleur préservatif hygiénique, à dire vrai, ne serait pas suffisant seul pour défendre contre les influences malfaisantes de l'air des marais [1].

Dans l'armée et dans la marine anglaise où l'on fait avec activité et persévérance des expériences pour améliorer les conditions hygiéniques, on apporte le plus grand soin à obliger les soldats qui sont en garnison dans des lieux malsains à porter constamment de la laine sur la peau et à se couvrir de vètement suffisants, afin de les protéger contre les

1. Quelques écrivains, voulant soutenir l'opinion que l'air de l'*Ager romanus* était malsain dès l'antiquité, ont été conduits à supposer que la manière de vivre des Romains était ce qui les rendait, par hasard, insensibles à la *mal'aria*. Les auteurs qui soutiennent cette opinion, que je ne puis partager qu'en partie, sont parmi les modernes : Niebuhr, Ampère, *Histoire de Rome;* Momsen, *Histoire romaine*, liv. I, chap. III.

fièvres de la *mal'aria*, la dyssenterie, le choléra, et d'autres maladies. Des mesures semblables, selon Patissier, ont été employées et trouvées efficaces pour protéger la santé des ouvriers occupés à élever des digues, à ouvrir des canaux et des fossés dans les terrains marécageux, tandis qu'avant l'emploi de ces précautions la mortalité par suite des fièvres était considérable parmi eux. Ce serait encore une sage mesure si nos soldats, dans la zone de la province romaine et dans les régions de *mal'aria*, ne cessaient de porter de la laine sur la peau pendant l'été, ou des vêtements de draps. Quoique nos soldats portent le gilet et la ceinture en laine, néanmoins je ne saurais approuver beaucoup l'usage peu rationnel de les faire marcher et manœuvrer dans la saison d'été en pleine campagne avec le pantalon et la veste de toile, qui s'imprègnent tellement de sueur qu'elle transperce à l'extérieur, spécialement dans le dos. Cette espèce de vêtement défend peu contre la fraîcheur et les intempéries atmosphériques, surtout quand le soldat, après s'être échauffé, se repose à l'air libre au milieu des prairies : malheur à lui si dans cet état il reçoit la pluie! Nous recommandons au ministre de la guerre, ou à ceux que cela concerne, d'ordonner qu'à l'avenir aucun corps d'armée, quoique peu nombreux, ne puisse jamais, en quelque saison que ce soit, sortir de Rome pour les manœuvres, les marches, ou tout autre exercice militaire, sans endosser la veste et la capote de laine ; grâce à cette facile et simple précaution, la santé de notre armée à Rome s'améliorerait de beaucoup.

Il n'est pas difficile d'expliquer comment la laine agit pour préserver de l'infection paludéenne. Elle agit autant par une légère aspérité et rudesse des surfaces que comme substance peu propre à transmettre la chaleur, ou, selon l'expression physique, comme étant mauvaise conductrice du calorique. Non-seulement elle maintient les fonctions de la peau, mais elle les facilite et rend plus actives celles qui ont spécialement pour office la sécrétion et l'élimination : en outre, elle empêche que la chaleur périphérique se perde dans l'air ; elle la conserve égale et constante à la surface de la peau. Enfin la laine retient encore l'air entre les fibres, de manière que la couche d'air réchauffé par le contact du corps humain y demeure quelque temps au lieu de se dissiper promptement. Il suit de là que, parmi la plus grande partie des tissus de laine foulée et pesante, ceux qui servent le plus à nous garantir du froid sont les plus poilus, quoique plus lâches et plus légers. Ces observations sont confirmées par les recherches récentes de Pettenkoffer, rapportées dans le *Medical and Surgical Journal* de Boston. Cet auteur affirme que la perméabilité de ces étoffes à l'air est une condition nécessaire pour qu'elles puissent réchauffer, ou plutôt conserver la chaleur sur le corps. Les vêtements faits avec ces espèces de tissus de laine n'empêchent pas l'infiltration de l'air, ils la modèrent dans une si bonne proportion que le système nerveux n'en ressent aucune impression excessive.

Néanmoins, quoi qu'on puisse penser de cela, c'est un fait que le drap protége la peau contre toutes les causes qui enlèvent le calorique avec trop de rapidité, comme sont les changements soudains thermométriques ou hygrométriques, qui se produisent toujours aux premières heures du matin, et le soir, peu après le coucher du soleil, — particulièrement dans les jours pluvieux. C'est un fait que la laine, excitant doucement avec ses petits poils la surface des membres quand ceux-ci sont en mouvement (ainsi que le démontre le faible degré de rougeur et de chaleur cutanée que ressent celui qui, pour la première fois, porte de la laine immédiatement sur la peau), produit une plus grande activité de la circulation capillaire périphérique, comme aussi de toutes les fonctions éliminatrices, c'est-à-dire celles qui ont pour office d'expulser de l'organisme par le moyen de la peau les substances diverses, presque toutes nuisibles, comme l'acide carbonique, l'urée et les produits ammoniacaux. Il en est également ainsi du miasme paludéen et de plusieurs autres principes morbides qui, absorbés par le corps, en sont éliminés par le travail de la peau et sont plus spécialement entraînés par la transpiration. Ainsi la laine nous défend contre les changements trop rapides et nuisibles de température et d'humidité auxquels on est nécessairement exposé quand on séjourne à la campagne ; non-seulement elle accroît les fonctions de circulation et d'élimination de la peau, mais elle fait en outre que le corps conserve à la surface sa chaleur naturelle, quel que soit le degré de sueur ou de moiteur auquel on est exposé en été et que chacun doit éviter avec grand soin d'arrêter subitement. La conséquence en serait de diminuer l'activité circulatoire de la surface du corps, et surtout de disposer à une absorption plus grande de miasmes, et, par suite, à la fièvre dans les pays de *mal'aria*. Après avoir indiqué que quelques germes miasmatiques et particulièrement les germes du miasme paludéen peuvent s'insinuer dans notre organisme, par les pores absorbants de la peau, il en résulte clairement que tant que les fonctions éliminatrices cutanées se maintiennent actives et prévalent sur les fonctions absorbantes, enfin que tant que l'action de la peau est plus *centrifuge* que *centripète*, si l'on peut s'exprimer ainsi, on ne court aucun danger d'absorption, puisque dans ce cas le miasme absorbé serait promptement expulsé, ni d'affections rhumatismales auxquelles dispose l'action malfaisante de ce principe. C'est une chose reconnue que dans notre climat, après une fièvre d'un caractère rhumatismal, se manifestent facilement des fièvres intermittentes, ou bien, dans plusieurs cas, celles-ci se sont associées aux symptômes de rhumatisme. Par conséquent, conserver constamment la chaleur et la transpiration de la peau dans les pays de *mal'aria* est un précepte essentiel qui s'observe en portant de la flanelle sur la peau.

Les tissus de laine, comme ceux de coton et de fil, absorbent l'humidité de l'atmosphère, mais cette absorption dans les premiers se fait lentement, et la transmission de cette humidité à la peau se fait encore plus lentement. Les tissus de fil, au contraire, absorbent et transmettent promptement l'humidité à la surface du corps, qui en ressent bientôt l'impression. Une telle transmission rapide d'humidité, par les vêtements de fil, est encore plus clairement prouvée lorsque ceux-ci sont mouillés par une pluie, même légère, qui les trempe promptement, tandis que ceux de laine l'évitent. En effet, de l'eau jetée sur des tissus de laine serrée ne les pénètre qu'avec difficulté, parce qu'elle coule à la surface, laissant entre les poils de la laine quelques gouttes d'eau qui tombent facilement à chaque légère secousse. Pareillement, la sueur est absorbée avec la même lenteur par la laine qui la maintient pendant quelque temps sur la peau, et empêche que, par une évaporation trop prompte, un abaissement de température ne se produise sur la peau, ce qui se manifeste toujours par une sensation de fraîcheur nuisible qu'éprouve tout individu revêtu d'habits de fil après une forte transpiration. Puisque la laine garantit en partie de la pluie, qu'elle éloigne l'humidité atmosphérique, qu'elle offre un passage facile aux gaz et à la transpiration invisible de la peau, qu'elle ne supprime pas ses fonctions centrifuges et sécrétives, elle présente donc de grands avantages à ceux qui portent la flanelle sur la peau.

Les propriétés de la laine montrent évidemment combien les tissus de cette matière doivent être plus hygiéniques et, par conséquent, préférables à ceux de fil ou de coton, sans compter que, dans certains cas, la flanelle peut être considérée comme un remède très-propre à nous délivrer des souffrances d'une nature rhumatismale. Par conséquent, je ne pourrais m'abstenir de conseiller à tous ceux qui sont sujets à des troubles intestinaux de s'entourer le ventre d'une large ceinture de flanelle fine, parce que les fièvres intermittentes accompagnent souvent les désordres des intestins.

Tout cela ne constitue pas les seuls avantages des étoffes de laine ; il faut en ajouter un autre, à mon avis : c'est que, grâce à leur duvet, l'air qui les traverse arrive en quelque sorte filtré, épuré de ces micro-organismes de différent genre qui y restent arrêtés, et, par conséquent, des germes miasmatiques, au moins en grande partie ; ceux-ci se trouvant ainsi retenus par la laine n'arrivent plus à être en contact avec la peau, et à être absorbés par les pores. D'après des expériences que j'ai eu l'occasion de faire dans les contrées paludéennes, j'ai pu me convaincre de la facilité à purifier l'air et la rosée des principes miasmatiques, c'est-à-dire de tous spores, en faisant passer l'air à travers des flocons de coton ou des tissus de laine velue et épaisse et en faisant filtrer la rosée dans un papier buvard. Ces expériences ont confirmé l'aptitude des draps de laine à retenir entre leurs poils beaucoup de ces corpuscules, qui, pour nous, constituent essentiellement le miasme paludéen.

Afin de se convaincre davantage de la grande propriété absorbante des étoffes de laine, il est bon de savoir que même les molécules si imperceptibles qui constituent les émanations odorantes sont retenues par la laine, ce qui est prouvé par la longue durée du temps pendant lequel ces tissus conservent l'odeur des substances avec lesquelles ils ont été mis en contact. Les expériences du chimiste espagnol Ramon de Luna démontrent aussi que la laine absorbe plus que toute autre étoffe les gaz putrides ; j'aurai occasion de parler encore de cette propriété de filtration et d'absorption des tissus de laine et des autres tissus poilus; il me suffit, pour le moment, d'avoir démontré que la laine, faisant obstacle au passage des germes miasmatiques, préserve la surface du corps, qui par ce moyen évite facilement le risque de contracter les fièvres intermittentes.

Peut-être est-ce aussi au pelage fourré qui recouvre presque tous les animaux et spécialement les bêtes à cornes qu'il convient d'attribuer en grande partie leur immunité à l'égard des effets du miasme paludéen, qui, retenu au dehors, ne peut les infecter par la voie de la peau. Il faut ajouter que la qualité de la peau de ces animaux y contribue aussi. Ayant en effet plus d'épaisseur et de densité, elle absorbe plus difficilement les miasmes, en sorte que nous voyons les troupeaux paître et errer sans danger dans les localités les plus infectées de *mal'aria*, là où des hommes ne pourraient pas séjourner impunément même un seul jour. A dire vrai, cependant, il est reconnu aujourd'hui, d'après des observations cliniques, que quelques espèces d'animaux, parmi lesquels les brebis, les bœufs, les chevaux, sont quelquefois atteintes de ces maladies, qui n'ont toutefois pas le caractère intermittent attribué au miasme paludéen. Je crois que le miasme s'insinue dans ces animaux par les voies digestives et respiratoires plus facilement que par la peau.

Selmi rapporte un autre conseil très-utile comme une conséquence de la propriété ci-dessus mentionnée de la laine. Je reproduis ses paroles : « La laine s'imbibe du miasme plus facilement que ne le font les autres fibres textiles; dès lors il faut, quand les vêtements ont été portés longtemps, ne pas les renfermer de suite, mais les exposer quelques heures au soleil, les étendre à l'air, afin de faire périr les germes malsains qu'ils peuvent contenir. Si pourtant en les portant on a pu être protégé contre l'influence miasmatique, il ne faut pas oublier que les vêtements qui ont servi comme de cuirasse deviendront nuisibles si on les étend dans les chambres où l'on habite constamment, où l'on repose la nuit. Car il faut se souvenir de ce qu'a observé Balestra, c'est-à-dire de la grande volatilité des germes et des spores, qui pour lui constituent la cause unique et active du miasme et qui, pour moi, seront au moins une cause concomittante, et même essentielle. »

Les habillements de laine, comme ceux de fil, doivent être lavés souvent, et, pour détruire plus sûrement tout principe miasmatique qu'ils pourraient conserver, quelques personnes conseillent de les plonger pendant un peu de temps dans une eau à laquelle on aura ajouté du chlorure de chaux ou toute autre substance désinfectante. Je regarde toutefois cette addition comme inutile, l'eau pure bouillante étant suffisante, ou la lessive ordinaire, pour détruire tout principe nuisible, et non exclusivement le principe paludéen.

Les autres vêtements, comme la camisole et les pantalons, peuvent être de laine, et l'on doit préférer pour l'été la couleur blanche aux autres couleurs sombres ou noires, qui, comme chacun le sait, absorbent beaucoup plus le calorique des rayons du soleil. Les bouviers, les gardiens de chevaux, les bergers et beaucoup de gens des campagnes romaines portent des espèces de cuissards de peau de chèvre et aussi de grandes vestes de la même matière, qui les défendent assez bien du froid. Je conseille de ne pas porter dans l'été, pendant le jour, des habits trop pesants, qui fatiguent inutilement l'individu et disposent à une transpiration continuelle, dans ce cas plus dangereuse qu'utile. Les vêtements de dessus pourront être de fil ou de coton, matières que quelques-uns préfèrent à la laine pour les habits extérieurs, car, absorbant moins les germes miasmatiques, elles en accumulent moins à la surface du corps, pourvu que des gilets de flanelle ou de tricot, qui devront toujours être en dessous et directement sur la peau, en provoquant l'activité des fonctions périphériques et s'opposant à l'infiltration du miasme, en empêchent l'absorption. Ainsi dans les régions malsaines, sous la condition de porter toujours de la laine sur la peau, les autres parties de l'habillement pourront être pendant l'été de chanvre, de lin ou de coton, quoique j'estime encore plus opportuns les vêtements de dessus en laine, mais alors d'un tissu léger, comme étant ceux qui, entre autres qualités, s'imprègnent le moins facilement des pluies, et ne transmettent pas l'humidité externe à la peau aussi promptement que les étoffes de fil.

Si, par une cause quelconque, on ne peut supporter le contact de la laine sur la peau, on lui substitue les tissus de coton ; ceux-ci sont, après la laine, préférables aux tissus de fil, même en été. Le coton observé au microscope a des fibres angulaires et à raison de cette conformation il stimule doucement la peau. Ses tissus, et particulièrement ceux plus poilus, conservent assez bien la chaleur à la surface du corps et ne se trempent pas autant de sueur et d'humidité que la toile ; cette dernière ayant des fibres rondes et lisses transmet plus rapidement les impressions externes, comme on en a la preuve dans la sensation de fraîcheur qu'elle nous présente au toucher, et par laquelle nous ne devons pas nous laisser entraîner. A ce point de vue, la soie est également appropriée à ce but et peut-être encore plus que le coton, à la condition de la porter immédiatement sur la peau. Elle peut dans l'hiver être substituée à la flanelle. Si on voulait la porter sur la peau pendant l'été, on la supporterait difficilement, à cause de la chaleur excessive qu'elle provoque. Mais son prix élevé empêche que l'usage s'en répande, surtout parmi les gens de la campagne. Nous ne pouvons pas beaucoup approuver les autres vêtements de dessus en soie; nous ne les croyons pas favorables dans un pays très-malsain. Tacite rapporte une loi qui défendait aux hommes de porter des vêtement de soie : — *Ne vestis serica viros fœdaret*, — et Sénèque la dédaigne comme n'étant d'aucune protection pour le corps ou pour la pudeur.

De tant de faits que nous avons exposés jusqu'ici, on peut conclure clairement que toutes les étoffes de lin, de coton ou de soie doivent céder le pas aux tissus de laine dont les qualités et les propriétés peuvent être résumées en peu de mots. Les draps de laine protégent le corps contre les changements rapides de température, stimulent la circulation cutanée et activent les fonctions éliminatrices et sécrétives de la peau; elles absorbent et transmettent lentement la pluie et l'humidité atmosphérique, empêchent l'évaporation trop rapide de la sueur, retiennent les germes miasmatiques en les éloignant du contact de la peau. La laine peut donc, à bon droit, être regardée comme le meilleur corps isolant qui protége le corps contre les principes nuisibles, les vicissitudes calorifiques et hygrométriques de l'atmosphère, sans empêcher, en aidant au contraire, l'office des fonctions cutanées.

Si, par un travail excessif ou par tout autre exercice violent, les vêtements ont été baignés de sueur outre mesure, il est sage de changer la flanelle ou la toile humide contre d'autres propres, après s'être bien séché et frictionné sur tout le corps, afin non-seulement d'empêcher l'absorption de tout miasme malsain, mais d'écarter l'humidité, puissante cause de rhumatismes. Minzi fait observer [1] que parmi les habitants de Terracine c'est une croyance généralement répandue que la négligence à ne pas changer immédiatement de vêtement après une abondante transpiration cause certainement la fièvre commune, ou même la fièvre pernicieuse, et que tout chasseur, avant de sortir de chez lui, ne néglige pas de mettre dans son carnier quelques chemises pour s'en servir à la moindre apparence de sueur.

Quiconque séjourne dans une campagne où domine la *mal'aria* ne doit pas sortir de sa maison sans un manteau, — *mantello*, *pastrano* ou *tabano*, — ou toute

1. *Sur la production des fièvres intermittentes*, etc. Rome, 1844.

autre couverture de laine qu'il portera repliée, de manière à pouvoir la revêtir dès que cela sera nécessaire, c'est-à-dire au moment du coucher du soleil ou s'il reçoit du brouillard, et encore plus s'il reçoit de la pluie ; on doit agir de même lorsque, après un travail quelconque, le corps fortement échauffé a les pores de la peau ouverts à la transpiration. Nous avons déjà dit que les impressions de fraîcheur reçues par un corps en sueur sont la cause la plus certaine d'un mouvement de fièvre; par conséquent, toutes les fois que nous nous trouvons dans cet état, nous devons mettre toute notre attention à nous y maintenir, et éviter toute sensation de fraîcheur en nous enveloppant soigneusement dans un manteau, surtout si nous devons par hasard nous arrêter par un temps frais et humide. Les Romains avaient l'habitude de porter constamment sur la tunique quelque vêtement de dessus en laine, comme la saye, la chlamyde, le *paludamentum*, la *penula*, et plus souvent la toge, espèce de manteau qu'ils n'ôtaient jamais, même pendant la nuit, et dont ils se servaient comme d'une couverture. Il convient donc de ne pas négliger de porter toujours avec soi un pardessus *pastrano*, même dans les jours de chaleur, parce qu'on ne peut toujours prévoir les changements atmosphériques et les différents hasards de la journée, quand on se trouve en pleine campagne et loin des habitations. A cette fin, les manteaux en caoutchouc, en gutta-percha, peuvent convenir parce qu'ils sont légers, imperméables à l'eau, et ne fatiguent pas beaucoup; ils nous protégent très-bien contre la pluie, mais ne servent pas aussi bien à préserver de la fraîcheur du soir, et en été on doit préférer les petites capotes ordinaires de laine. Un autre conseil à suivre dans les localités de *mal'aria*, c'est de se bien couvrir pendant la nuit; il vaut même mieux que les couvertures de lit soient un peu lourdes plutôt que d'avoir le défaut contraire, afin d'éviter que l'humidité et la fraîcheur du matin n'interrompent et ne sèchent brusquement cette moiteur qui couvre plus ou moins la peau pendant le sommeil. Cette précaution très-facile de se bien couvrir avec des couvertures pendant la nuit est au nombre de celles qui sont constamment recommandées par tous ceux qui vivent sur le territoire Pontin.

Au dehors, il est préférable d'avoir la tête couverte; qu'on ne la découvre pas au soleil, même pendant peu de temps, même quand les cheveux seraient couverts de sueur. Ces imprudences causent de grands maux de tête, et des congestions cérébrales qui frappent quelquefois d'une manière soudaine les campagnards travaillant exposés à la chaleur de la canicule. On ne doit pas conseiller beaucoup l'usage des chapeaux de paille; néanmoins on peut porter ceux à larges bords, mais seulement en plein été et tant que le soleil est sur l'horizon, et en les quittant le soir et le matin dans les jours humides et pluvieux.

Les souliers et les chaussures, quelle qu'en soit la forme, doivent être, surtout pour les paysans et les chasseurs, faits de bonnes peaux et ayant de fortes semelles, afin d'éviter l'infiltration de l'humidité de la terre et autant que possible celle de la rosée. Il n'y a pas de chaussure, quelque solide qu'elle soit, qui puisse préserver complétement de la rosée du matin. On réussit toutefois à empêcher ou à retarder l'infiltration en enduisant les chaussures de graisse. A la graisse, on peut substituer préférablement des compositions hydrofuges, composées de gomme élastique ou de gutta-percha; mais soit inefficacité, soit incurie, bien peu parmi nous les ont connues, et elles sont promptement tombées en oubli. Le mieux paraît être l'usage, suivi par beaucoup de nos campagnards et par tous les chasseurs, de chausser des bottes hautes qui couvrent la jambe presque en dessous du genou. La plus mauvaise chaussure, au contraire, est celle dite *cioce*, espèce de cothurne antique toujours en usage dans quelques provinces méridionales. Cette chaussure, favorable pour la course et la marche, est insuffisante pour protéger les pieds contre la pluie et l'humidité du sol. Il est superflu de dire que la marche pieds nus, même en plein été, selon l'usage de beaucoup de gens de la campagne, est toujours dangereuse.

Si pour pourvoir à l'hygiène de la peau on doit avoir égard au choix et à la qualité des vêtements ainsi qu'à leur propreté, j'ajouterai qu'un soin tout aussi important, c'est celui de tenir à la propreté extérieure du corps. Il convient donc de se laver en entier avec de l'eau fraîche ou tiède, de prendre des bains avec les précautions nécessaires sans lesquelles cette habitude pourrait être plus funeste qu'utile dans les régions où règne la *mal'aria.* Quand nous parlerons des bains, nous indiquerons alors plus particulièrement les précautions utiles ; pour le moment, il me paraît suffisant d'indiquer l'utilité de maintenir la propreté de la peau, d'enlever par des ablutions les impuretés qui obstruent les pores et les autres principes nuisibles qui ont pu s'y accumuler, au nombre desquels, en première ligne, sont les germes miasmatiques. Par ces soins, les fonctions de la peau et spécialement les fonctions sécrétives s'accompliront plus facilement, et des causes nombreuses de maladies seront éloignées.

Une autre mesure hygiénique, utile dans les contrées malsaines pour écarter les impuretés de la peau et pour conserver l'activité de la circulation et de la perspiration cutanée, consiste dans les frictions sèches faites une ou deux fois par jour au moment du lever ou du coucher. Cette opération consiste dans le frottement avec un morceau de laine rude, ou mieux avec une petite brosse ou un gant de crin, sur la surface du corps, jusqu'à ce qu'il devienne un peu rouge. Ce soin pourra être utilement adopté par ceux qui, en été, devront séjourner quelque temps dans nos campagnes, où l'on ne trouverait pas facilement le moyen de prendre des bains tièdes. Je le crois aussi salutaire aux personnes qui, par une excessive susceptibilité de la peau ou par une trop grande faiblesse de complexion, ne supporteraient pas volontiers les ablutions générales d'eau froide, et qui voudront, pendant la durée de leur séjour dans les localités malsaines, conserver nette la surface du corps, maintenir libres et énergiques ses fonctions, surtout la transpiration. Pour rendre les frictions plus courtes et plus efficaces, je conseillerais d'arroser légèrement la flanelle ou la brosse avec un peu de vinaigre de bonne qualité, soit simple, soit aromatisé; il enlèvera plus efficacement les petits corps gras, les petites aspérités de l'épiderme, il stimulera davantage la peau et agira comme un agréable préservatif contre la *mal'aria* et les miasmes en général; telle est la vertu attribuée ordinairement et avec raison au vinaigre dès les temps les plus anciens.

Maintenant, pour récapituler d'une manière sommaire tout ce qui vient d'être exposé au sujet des vêtements en général, je rappellerai que dans les régions malsaines les vêtements de dessous doivent être absolument de laine, et convenant à la saison chaude ainsi qu'aux changements atmosphériques; qu'ils doivent être en contact avec la peau, comme le pratiquent les campagnards de la Hollande et de l'Angleterre, avec cette différence que pendant l'été ils pourront être d'étoffe plus légère, pour ne pas charger inutilement l'individu. Si l'on sort de la maison, on devra se couvrir la tête, et avoir aux pieds une bonne chaussure, ne jamais voyager dans la campagne sans avoir avec soi un manteau que l'on puisse facilement mettre en toute circonstance. Ne pas négliger d'entretenir la propreté du corps. Ces courts avis sur les vêtements, sur la propreté de la personne, sont les points importants de l'hygiène de la peau et ils sont aussi très-efficaces pour nous soustraire aux influences des émanations paludéennes. Ils devront être observés scrupuleusement par tous ceux qui habitent dans une localité infectée, même légèrement, de la *mal'aria*.

IV

Les sensations de froid sur un corps échauffé sont assez dangereuses. — Précautions pour les éviter, conséquences. — Conseils utiles. — État synoptique des différences de chaleur et d'humidité pendant la journée. — Différences plus appréciables dans la campagne que dans la ville de Rome. — Plus dangereuses dans les mois d'été. — Vents du couchant, fréquence, avantages et inconvénients. — Vents du midi plus pernicieux pour la santé; pourquoi. — Prédominance de ces vents pendant l'été. — Lents effets du climat de Rome sur le tempérament des habitants. — Exposition prolongée aux rayons du soleil. — Des pluies en été et de l'augmentation de la *mal'aria*. — Maladies provenant des pluies reçues; comment les éviter. — Précautions à prendre pour les bains. — Des boissons d'eau froide.

Nous avons dit que la sensation de l'air froid et humide sur le corps échauffé et en sueur est une cause occasionnelle très-puissante des fièvres intermittentes, et même quelquefois des affections rhumatismales. Nous en avons dit les raisons en parlant des vêtements; nous avons dit que l'air froid et humide supprimait la transpiration et produisait un abaissement de température à la surface du corps, en repoussant la circulation du sang : il résulte de là, outre quelques troubles du système nerveux, et spécialement du *grand-sympathique*, un afflux plus considérable de sang dans les organes et les viscères internes, et une absorption plus active des miasmes par les pores de la peau. Il est si nécessaire de maintenir soigneusement la température de la peau en été et de veiller à ne pas supprimer la transpiration et la circulation périphérique, que sans crainte d'erreur on peut assurer que l'hygiène dans les pays de *mal'aria* se fonde sur ces préceptes qui ne seront jamais assez répétés par les médecins. « La seule prophylaxie indispensable, écrivait Minzi déjà cité, et évidemment la seule profitable, est celle qui contribue à maintenir un juste équilibre dans les fonctions de la peau ou à empêcher la mauvaise impression du froid subit. » Si l'on néglige ces avertissements, on espérerait en vain garantir le corps contre les atteintes des fièvres, fût-il doué de la fibre la plus robuste.

Tout médecin sait par expérience quel rapport direct existe entre les fonctions cutanées et celles des autres viscères intérieurs, et spécialement des muqueuses, rapport que dans les temps passés on croyait expliquer avec le mot *sympathie*, ce qui aujourd'hui est attribué à une action réfléchie des nerfs vasculaires ou vasculo-moteurs, *vasali o vaso-motori*.

Non-seulement la sensation sur la peau d'un air froid et humide peut engendrer la fièvre miasmatique dans les pays de mal'aria, mais elle peut produire les maladies les plus variées, parmi lesquelles nous indiquons les affections dites rhumatismales. Il est inutile de rapporter ici les effets de la suppression de la transpiration sur les membranes muqueuses des bronches et des intestins ; la bronchite et la diarrhée se produisent trop souvent après de telles sensations de froid pour pouvoir douter un moment de leur origine.

Sans nous étendre à énumérer les maladies produites par l'impression de l'air froid sur le corps échauffé, il suffit pour le moment, d'avoir rappelé que cette impression est la cause la plus fréquente des atteintes de la fièvre paludéenne, pour que nous donnions nos soins à l'éviter. On doit donc aussi éviter de rester longtemps entre deux fenêtres ou deux portes ouvertes, ou dans les courants d'air à l'intérieur des habitations comme au dehors, ou entre deux ouvertures de rues : dans ces cas, il vaut mieux marcher que se tenir tranquille. Les maisons trop exposées au vent sont dangereuses, et il est prudent, quand on se tient dans une chambre, d'avoir les portes et les fenêtre fermées, au moins quand elles sont vis-à-vis, et spécialement le soir. On doit éviter d'aller rapidement à l'ombre après avoir été longtemps exposé au soleil, d'entrer brusquement dans un grand courant d'air comme les églises, les magasins, les galeries ou les musées, occasions si fréquentes à Rome, et souvent dangereuses ; de descendre sans précautions convenables dans les caves, grottes, catacombes, les excavations des ruines antiques et les autres lieux trop frais ou trop humides dans l'été, surtout si l'on est vêtu légèrement. J'ai vu plusieurs fois des cas de fièvre se produire après ces imprudences; et j'en ai fait moi-même autrefois la triste expérience.

Je me rappelle avoir soigné un artiste malade qui, avec ses trois camarades, avait gagné la fièvre en travaillant dans l'église Saint-Pierre. Là, la température est tellement fraîche, que pendant les mois d'été on ne peut pas toujours y pénétrer impunément après avoir traversé à pied la vaste place exposée aux ardeurs du soleil. Il est donc prudent, pour les personnes disposées à prendre la fièvre ou des rhumes, de s'arrêter un moment sous le vestibule avant d'entrer dans l'église ou dans les galeries du Vatican.

Les soldats échauffés par une marche ou des manœuvres fatigantes, en été ou en automne, ne doivent jamais s'exposer à un long repos au milieu de notre campagne, surtout si un vent frais souffle au moment du coucher du soleil. Ils doivent être également avertis qu'ils doivent, aussitôt rentrés dans leur quartier étant encore en sueur, faire fermer les fenêtres jusqu'à ce qu'ils soient reposés ou qu'ils aient mangé leur ordinaire. De semblables précautions sont encore plus utiles, et même nécessaires, dans les casernes éloignées des lieux habités, et par cela même plus dangereuses; telle est celle du camp prétorien, du *forum romanum*, ou autre. Répétons donc ces conseils pour bien les graver dans les esprits, que pendant l'été on doit éviter de prendre du froid quand le corps est en transpiration, parce que, comme l'a déjà dit notre Baglivi, *æstate sudore madere et auram frigidam captare, pestis est.*

La preuve des mauvais effets de la sensation du froid est donnée par ceux qui habitent dans quelques palais de Rome situés sur des collines ou des lieux très-élevés et plus exposés aux vents, tel par exemple que le palais de l'Académie de France au Monte-Pincio. Les habitants, pour s'y transporter, doivent monter par des rues en pentes plus ou moins raides et fatigantes; ils y arrivent ayant chaud, et peuvent difficilement, dans ces vastes vestibules exposés au vent, dans ces cours spacieuses, éviter l'impression du froid; aussi sont-ils souvent atteints de fièvres périodiques. C'est encore un avertissement donné par Michel [1].

Non-seulement rester sans mouvement exposé pendant l'été à un courant d'air froid est un danger pour la santé, mais il en est de même de la marche en pleine campagne par un jour de vent humide et froid, après s'être fort échauffé par quelque exercice violent.

Un autre avertissement assez utile qui ne doit pas être oublié de tous ceux qui vivent dans un pays infecté de *mal'aria*, même légèrement, c'est de ne pas aller brusquement au dehors après être resté quelque temps dans un milieu excessivement chaud et où se trouvaient beaucoup de personnes, sans d'abord se couvrir d'un manteau ou de quelque vêtement de dessus. Les habitants de Rome ne devront

1. *Recherches médico-topographiques sur Rome et sur l'Ager romanus*, par B. Michel. Rome, 1813.

pas négliger cet avis, surtout dans la saison d'été ou dans celle d'automne, après les premières pluies, quand ils sortent des lieux de réunion publique, comme les théâtres, les assemblées, les cafés. La différence de température et d'humidité qui se produit entre les heures du jour et celles du soir est plus grande en ces saisons et rend la ville de Rome assez malsaine.

Je rappellerai encore qu'il n'est pas toujours sans danger, non pas tant de se promener longtemps au soleil que de s'exposer en repos à ses rayons. En effet, dans l'état de repos, on est plus sensible à l'équilibre de la température, surtout quand après avoir été échauffé par les rayons du soleil on passe tout à coup à l'ombre; mais ce qui devient certainement pernicieux, c'est de rester pendant l'été la tête découverte, exposée même peu de temps au soleil. Le sang afflue immédiatement au cerveau et y produit une congestion cérébrale, comme il arrive assez souvent à ceux qui font la fauchaison et la moisson.

Une autre chose qu'on doit aussi absolument éviter partout et particulièrement dans la région de *mal'aria*, c'est de boire précipitamment et en grande abondance de l'eau fraîche ou glacée, après s'être échauffé par des fatigues ou par une marche rapide. Bien souvent il en résulte des douleurs ou des troubles intestinaux et une suppression subite de sueur qui peut amener la fièvre. Les fâcheuses conséquences de ces écarts sont connues de tout le monde;

je les signalerai particulièrement, parce que dans une localité où l'air est malsain ils peuvent quelquefois être encore plus nuisibles que l'impression de l'air froid sur un corps en sueur. On peut boire sans danger du vin pur et frais, même quand on est en sueur, parce que c'est une boisson tonique et excitante. Une personne reposée et non échauffée par quelque travail ou exercice physique pourra prendre sans aucune crainte de l'eau fraîche de source, qui, parce qu'elle est naturellement fraîche, désaltère mieux que l'eau exposée quelque temps à un air chaud. A Rome aussi, où les eaux sont extrêmement fraîches et particulièrement celle de la Marcia, il est prudent, si l'on éprouve une forte chaleur, de n'en pas boire sans quelques précautions, surtout si l'on y ajoute de la neige ou de la glace, usage dont on abuse dans d'autres pays, et qui chez nous, par bonheur, n'est pas nécessaire.

L'air frais et humide dans les régions malsaines devient pernicieux pour l'organisme humain, parce qu'il est beaucoup plus imprégné de spores miasmatiques entraînés en bas par les vapeurs aqueuses condensées, et parce qu'il diminue rapidement la chaleur animale, arrête la transpiration cutanée et toutes les fonctions périphériques qui tendent à expulser du corps humain tous les principes nuisibles. Ajoutons à cela qu'une atmosphère de cette nature augmente les propriétés absorbantes des petits vaisseaux capillaires et par conséquent active l'absorption du miasme par la voie cutanée. Outre ces effets, nous voyons que l'air humide est mauvais même dans les pays salubres, puisqu'il y cause facilement quelques indispositions d'un caractère rhumatismal, et finit habituellement par affaiblir la tonicité de la fibre de notre corps et du système nerveux, surtout du grand-sympathique. La facilité de gagner la fièvre est si grande, en s'exposant l'été, ayant chaud, au vent et à l'air froid et humide dans une localité malsaine, que plusieurs savants attribuent exclusivement à cette cause et aux rapides changements hygrothermiques l'origine des fièvres intermittentes et de la *mal'aria* elle-même, qui pour eux ne serait pas autre chose qu'un effet produit par les changements trop brusques de température et d'humidité atmosphérique ; opinion, du reste, dont nous avons démontré ailleurs l'erreur, après avoir établi par des observations et des expériences incontestables que le principe constitutif de la *mal'aria* n'est que dans le miasme paludéen. Cependant les rapides changements d'équilibre atmosphérique favorisent l'absorption du miasme et disposent l'organisme à en ressentir davantage les effets.

Afin de faire connaître les variations atmosphériques de température et d'humidité qui se produisent dans notre région, j'ai cru utile de présenter un tableau synoptique de ces variations du milieu du mois de juin au mois de septembre et recueillies d'une part dans le tome IX du *Bulletin* de l'Observatoire du Collége romain ; d'autre part, par la *Météorologie italienne.* Les observations sont faites deux fois par jour, à trois et à neuf heures après midi.

TEMPÉRATURE EN CENTIGRADES.					
MOIS.	MOYENNE MENSUELLE.		Différences des moyennes.	DIFFÉRENCES JOURNALIÈRES.	
	3 h. après midi.	9 h. après midi.		Maximum.	Minimum.
Juin......	25,35	21,04	4,31	6,8	0,1
Juillet....	29,68	23,91	5,77	8,0	2,3
Août......	27,01	21,61	5,40	8,1	2,6
Septembre.	24,55	18,66	5,39	7,2	0,9
HUMIDITÉ.					
Juin......	48,5	68,8	20,3	39	2
Juillet ...	50,6	73,7	23,1	40	6
Août......	54,9	72,5	17,6	40	12
Septembre.	61,0	80,0	19,0	46	4

Il résulte de ce tableau que les plus hauts degrés de la différence journalière entre les heures du jour et celles du soir peuvent être à Rome, dans l'été, de 46 pour l'humidité et de 8,1 pour la température. Je suis encore porté à croire que cette différence de température aurait été plus grande si elle avait été observée tant à 3 heures et à 9 heures après midi qu'à 4 heures et à 6 heures du matin, heures auxquelles, dans Rome et beaucoup plus dans la campagne, la température a coutume de s'abaisser considérablement, de manière que celle-ci, chaque fois, aux deux moments des observations du même jour, aurait pu présenter une différence maximum de 12 à 14 degrés, et même plus. Néanmoins on peut dire que de telles différences, bien qu'elles puissent provoquer la fièvre dans une localité malsaine, ne constituent pas, ainsi que nous l'avons établi plusieurs fois, la cause première, efficiente, essentielle, qui reste toujours le miasme paludéen. En fait, à Florence, où les changements de température sont en moyenne plus forts qu'à Rome, on ne voit pas régner les fièvres périodiques ; ces fièvres n'existent généralement pas sur les montagnes, malgré la différence notable de température qui s'y produit entre la nuit et le jour.

En parlant des vêtements, nous avons vu que, parmi les moyens les plus efficaces pour protéger le corps contre les vicissitudes atmosphériques, nous mettions les étoffes de laine, surtout si elles étaient sur la peau. Cependant les vêtements de laine ne suffisent pas toujours pour nous défendre contre les changements journaliers de température, qu'il vaut mieux éviter tout à fait quand on le peut, principalement pendant les mois les plus dangereux. Les premiers cas de nouvelles fièvres se manifestent sur notre territoire peu après le commencement de juillet, du moins ils sont rares avant ce mois ; ici le mois de juin est, sauf quelques exceptions, au nombre des mois les plus salubres. En avançant dans le mois de juillet, les fièvres deviennent plus fréquentes, et atteignent leur maximum au milieu d'août et au commencement de septembre ; à cette époque, elles éprouvent un accroissement rapide et considérable, surtout si les pluies tombent, même en peu d'abondance. La statistique est de trop nouvelle date dans les hôpitaux pour pouvoir démontrer avec des chiffres exacts et contrôler le nombre des fiévreux de la ville ou de la campagne, le rapport qui peut se produire entre les diverses variations atmosphériques et le degré d'augmentation de la *mal'aria*, et même pour déterminer les différentes manières d'agir du miasme paludéen sur notre organisme, car il peut très-bien arriver que, selon les années, les maladies présentent des différences de forme ou de degrés. En effet, dans certaines années, les fièvres intermittentes simples et de facile guérison dominent ; dans d'autres, au contraire, ce sont les fièvres périodiques compliquées, les pernicieuses ou les rémittentes miasmatiques. Quant à l'influence de l'état électrique de l'atmosphère, des courants magnétiques et des autres phénomènes *cosmo-telluriques* sur la génération et la marche des fièvres périodiques, je ne puis rien dire, privés comme nous le sommes jusqu'à présent de toute donnée scientifique. En résumé, je répéterai donc qu'il convient de se bien garantir de toute variation subite de température et des changements journaliers, surtout en été, saison pendant laquelle ils sont plus sensibles et plus nuisibles, tant parce que la surface du corps est échauffée et habituellement moite de sueur, que parce que ces mois sont plus infectés de *mal'aria*.

Puisque nous en sommes à parler des impressions du froid, il est opportun de dire ici quelque chose des vents et de leur influence sur le développement des fièvres miasmatiques. Je dois observer avant tout que, quoique le climat continental prédomine à Rome, néanmoins, comme la ville est assez rapprochée de la mer, elle participe un peu des conditions du climat maritime, d'où dérivent pour elle quelques avantages. Entre autres, je rappellerai qu'en plein été, un peu avant le milieu de la journée, un petit vent frais s'élève ordinairement de la Campagne romaine, du couchant et plus précisément du sud-ouest, qui, se renforçant vers l'après-midi, dure habituellement presque jusqu'au coucher du soleil et tempère la vapeur chaude de cet astre de manière à apporter un agréable rafraîchissement aux membres épuisés par la canicule. Par le souffle de ce vent maritime, le *Favonius* des anciens, la température de Rome devient ordinairement, dans cette saison, plus fraîche que celle de plusieurs autres pays placés sous le même degré de latitude. En effet, ceux-ci ne dépassent que rarement le 32° centigrade, tandis que la moyenne de la chaleur pendant l'été n'est pas supérieure à 23°,6, et que la moyenne de l'année est de 15° $^{1}/_{5}$ [1]; mais il est prudent de se garantir de ce rafraîchissement, de ce zéphyr agréable, véritable séduction de sirène. Quelque prudent qu'on soit, en respirant ces souffles si agréables, on s'expose au risque facile d'attraper la fièvre, non pas que le vent d'occident soit plus que les autres vents vicié par les miasmes, puisqu'il est au contraire des plus purs et des plus bienfaisants, mais parce que, étant frais et soufflant aux heures les plus chaudes, il supprime facilement et sèche la transpiration de la peau. Je suis disposé à croire que si, pendant l'été, ce vent soufflait plus rarement dans notre pays, nous aurions certainement pendant la journée une température plus élevée; peut-être aussi les fièvres périodiques y seraient-elles moins fré-

1. Le P. Secchi parlant du *climat de Rome, lecture seconde*, conclut ainsi à la page 14 : les moyennes des extrêmes de la température sont de 32° p. °/o pendant l'été et de 1° p. °/o pendant l'hiver. Ainsi, en résumé, nous trouvons que dans l'été Rome jouit d'un courant septentrional qui rafraîchit les ardeur du soleil, et dans l'hiver des vents sirocaux variables et alternatifs, par suite du mouvement de l'air venant d'Afrique, par la mer, combler les grandes dépressions septentrionales.

quentes. On devra donc prendre soin de l'éviter quand on est en sueur, ou du moins, ce qui est plus facile à faire, ne pas se laisser séduire, en restant dans un long repos, assis en pleine campagne, sans avoir à mettre un vêtement plus fort.

Cependant, en général, les vents pendant l'été peuvent nuire à la santé, par l'abaissement de température qu'ils produisent sur la surface des corps échauffés, comme cela arrive s'ils viennent du couchant ou du nord. Les vents du midi, eux-mêmes, sont dangereux, parce que, rasant la surface de vastes marais ou de terres marécageuses, ils se chargent ainsi de germes miasmatiques qu'ils transportent avec eux à de grandes distances, surtout quand ils ne sont pas retenus par quelques obstacles ou épurés par les arbres. C'est ce que Lancisi avait fait déjà sagement observer dans son temps en ces termes : *Austri insalubritas solis tribuenda lethiferis paludum particulis.* L'expérience a prouvé que les habitations de la campagne exposées au vent du siroco et du *libeccio* [1] sont les plus malsaines, et qu'après le souffle de ces vents suffocants et humides les fièvres intermittentes ne tardent pas en été à faire leur apparition funeste dans les pays de *mal'aria.*

Par ces faits et par ces raisons, il n'est pas difficile de se convaincre que les vents du nord sont plus purs et plus salubres, parce que ceux-ci ne contien-

1. Nom d'un vent du sud-ouest.

nent que peu ou même point de germes paludéens. J'ai observé plusieurs fois que lorsque, dans notre pays, la *tramontana* [1] l'emporte sur le siroco pendant l'été, la *mal'aria* est beaucoup plus bénigne, les fièvres périodiques beaucoup moins fréquentes et moins graves que d'habitude.

Ce ne sont pas encore là les seuls dangers qu'apportent les vents du midi. Nous avons vu que l'état de la chaleur humide de l'atmosphère a toujours été reconnu par tous les observateurs, même depuis Hypocrate (*De aere, aquis et locis*), comme favorisant le plus la production et la multiplication des maladies miasmatiques ; par conséquent, les vents du midi, et spécialement le siroco, qui participent plus que tous autres à ces conditions de chaleur et d'humidité, sont surtout ceux qui maintiennent et augmentent sur notre territoire ces lentes fermentations terreuses, génératrices des miasmes, surtout quand ces vents amènent encore la pluie pendant l'été.

Outre que les jours où dominent le siroco et l'autan — *le plumbeus auster* d'Horace — la température est chaude et étouffante, alors beaucoup d'habitants de Rome se plaignent d'une sensation d'accablement et de malaise spéciale, avec une tendance au sommeil, qui les rend moins aptes au travail soit matériel soit intellectuel. Ainsi les vents austraux doivent être regardés non tant comme causes efficien-

1. Vent du nord.

tes de l'insalubrité que comme causes auxiliaires de son accroissement, et comme moyens de diffusion.

Puisque j'en suis à parler des vents du midi, j'ajouterai que l'on doit attribuer, en grande partie, à leur prédominance dans Rome la fréquence de plusieurs maladies du système nerveux et toutes les indispositions appelées vulgairement *tiraillements*, *attaques* ou *maux de nerfs*, qui atteignent davantage ceux des Romains qui vivent dans une oisive opulence. Cette susceptibilité nerveuse excessive arrive à un tel degré, surtout chez les femmes, qu'elles ne peuvent plus supporter les odeurs ni les parfums si aimés et si en usage chez nos plus vieux ancêtres; ils causent aujourd'hui aux Romains modernes des maux de tête, des vertiges, des gonflements de ventre, et d'autres indispositions.

Cependant on ne devra pas augmenter, par des traitements mal entendus et des soins inutiles, toutes ces incommodités attribuées à une excitation nerveuse excessive; il n'y a pas de meilleur remède que de les éloigner par le dédain, en se livrant à quelque travail intellectuel ou préférablement à quelque travail matériel. En effet, ces souffrances sont inconnues à nos artisans ou à nos campagnards, obligés de mener une vie active et laborieuse.

Indépendamment de cette extrême sensibilité nerveuse, souvent le climat de Rome cause des migraines, des embarras dans les voies digestives, et prédispose l'organisme à un état général pléthorique et à de lentes congestions spéciales des viscères, surtout à la tête (d'où la fréquence des apoplexies), ou au bas-ventre. Cet engourdissement dans la circulation veineuse abdominale se manifeste avec des engorgements au foie, à la rate, aux veines, etc., ou avec catarrhe dans les muqueuses qui tapissent le canal alimentaire; les tissus des viscères rendus ainsi hypérémiques deviennent facilement sujets à diverses dégénérescences, parmi lesquelles sont la disposition adipeuse, amiloïde, ou cancéreuse. Ces indispositions ou véritables maladies étaient bien connues et ont été déjà décrites par les anciens médecins, parmi lesquels Pétronius, qui nous fait connaître que, de son temps, les maux les plus fréquents chez les Romains étaient au nombre de trois : *capiplenium*, — *explectio ventris*, — *defectio animi*, — maux qui répondent à ceux que nous avons indiqués, et qui doivent être attribués particulièrement aux conditions climatériques, à l'influence des vents chauds et humides, et surtout du sirocco, sur notre constitution, et j'ajouterai ici, à nos habitudes, à notre vie trop molle, à notre négligence de tout exercice gymnastique.

La plus grande fréquence des vents du midi à Rome, pendant la saison d'été, est démontrée par le tableau suivant, dans lequel on trouve la moyenne de quatre mois, de juin à septembre, établie par plusieurs années d'observations faites à l'Observatoire du Collége romain :

Vents....	N.	N.-E.	E.	S.-E.	S.	S.-O.	O.	N.-O.
Journées.	71,9	41,7	33,4	10,7	102,0	78,9	78,9	10,4

Si l'on compte ensemble les journées où soufflèrent les vents du S.-E., S., S.-O., et O., on trouve un total de 270,5, tandis que le total des autres vents est de beaucoup inférieur et ne dépasse pas 137,4. La *tramontana* (vent du nord) ne domine pas beaucoup dans la ville de Rome, et souffle rarement avec violence, même en hiver, quoique la ville soit en grande partie entourée d'une longue série de collines comme les Parioli. Nous n'avons pas le moyen de diminuer la fréquence des vents du midi produits par les courants d'air qui, de l'Afrique, viennent remplir les grandes dépressions au nord, mais il convient de trouver les moyens de les rendre moins nuisibles, c'est-à-dire moins humides, moins violents, et, si c'est possible, moins imprégnés de miasmes. Ceci peut être obtenu en partie, comme nous l'avons dit plusieurs fois, par le desséchement des marais, par la culture des terres, et par une plantation bien entendue d'arbres et de bouquets de bois. Cependant, tant que nous ne pourrons pas jouir de cette amélioration absolue de l'air, tâchons d'éviter autant que possible, pendant l'été, les fâcheux effets des vents chauds et humides; appliquons-nous encore plus strictement dans ces jours, et surtout au moment du crépuscule du matin et du soir, à suivre les mesures préventives que nous conseillons.

Après avoir parlé des conditions atmosphériques sous le rapport de la chaleur, de l'humidité, des vents, et après avoir indiqué combien elles influaient sur les fonctions cutanées et l'accroissement de la *mal'aria*, il me semble utile de dire quelques mots de la pluie. Les pluies d'été, surtout dans les mois d'août et de septembre, ravivent l'énergie de fermentation des semences du miasme paludéen. Nous en avons déjà donné la raison en expliquant comment les nouvelles eaux tombées à cette époque sur un sol brûlé par le soleil, inculte et imprégné de corps végétaux, tel que celui de la Campagne romaine, réveillent ces fermentions qui sont l'origine spéciale du miasme. De là, dans les jours qui suivent la pluie, la *mal'aria*, dans la saison d'été, détermine, en général, très-promptement l'invasion des fièvres dans la ville et surtout dans la campagne.

La moyenne annuelle de la pluie est chez nous de $0^m,750$ environ, et la moyenne des jours pluvieux est de quatre-vingt-quinze dans l'année. Les pluies, en général, manquent en été. Les mois les plus pluvieux sont ceux d'octobre et de novembre; les moins pluvieux sont juillet et août. Les pluies d'hiver, quoique fréquentes, n'ont aucune influence sur la plus grande production du miasme. Il n'en est pas de même de celles qui tombent dans les mois de juin et de juillet, que nous remarquons être toujours les causes d'aggravation de la *mal'aria ;* et, quand elles sont plus abondantes que de coutume, ainsi que le constatent des périodes assez longues de six ou sept années, elles donnent lieu à des recrudescences de fièvres intermittentes qui présentent le caractère de véritable épidémie, ainsi que le constatent des observations faites dans le cours de longues périodes de six ou sept années.

Les pluies d'été ont donc la triste propriété d'augmenter dans une grande proportion le développement du miasme paludéen; elles sont également funestes parce qu'elles produisent un changement notable et rapide dans l'état hydrothermique de l'atmosphère. Les maladies qui en dérivent se manifestent avec plus de rapidité et de gravité quand le corps même est trempé par la pluie, si surtout il se trouve échauffé par le soleil et moite de sueur. Tout individu, quoique robuste, qui recevra tout à coup, dans de telles conditions, une averse, échappera difficilement à la fièvre, heureux si elle n'a pas un caractère pernicieux. En conséquence, dans le cours des mois chauds, il faut redoubler de précaution dans les jours humides et pluvieux. Avant tout, veiller à ne pas se laisser surprendre par la pluie, et, quand on ne peut l'éviter, se réfugier dans une maison ou un autre lieu couvert, ou au moins avoir un bon manteau, — *tabarro,* — pour se couvrir. Beaucoup de campagnards continuent leurs travaux, ne se préoccupant nullement de ce brouillard épais qui, quelquefois, tombe menu et continu pendant quelque temps, même dans la saison chaude, et ne les avertit pas avant d'avoir traversé les habits et mouillé le dos et les épaules. Cette petite pluie est nuisible à la santé au delà de ce qu'on peut dire, et le vulgaire l'appelle avec beaucoup de raison *attrape-vilains*. J'ai vu plusieurs fois, outre les fièvres intermittentes, beaucoup d'autres indispositions en être la conséquence, telles que rhumatismes du dos et des reins, et quelquefois des maladies de l'épine dorsale avec tétanos et issue fatale.

Si donc les vêtements de drap ont été mouillés par la pluie, il est utile de rentrer au plus vite chez soi, où l'on doit de suite changer d'habillements, en prenant soin de s'essuyer d'abord le corps s'il a été mouillé, en se frictionnant la peau partout et avec force; ensuite on prend quelque boisson excitante, vin pur ou eau tempérée avec un peu d'eau-de-vie, esprit-d'anis ou toute autre liqueur; il serait préférable même au besoin de boire chaud.

Il est utile aussi d'allumer un bon feu, surtout si l'habitation est au rez-de-chaussée et un peu humide. Si la pluie était tombée à verse et longtemps, de manière à avoir pénétré les habillements, et si, en même temps, le signe précurseur de quelque maladie commençait à se produire, comme la toux, les frissons ou la fièvre, la sécheresse de la peau, des douleurs vagues, on devrait sans tarder se mettre au lit avec des couvertures chaudes, en se faisant faire des frictions à la surface du corps avec de la flanelle sèche ou légèrement imbibée d'un liquide aromatique. En un mot, il convient de recourir à tous les moyens les plus propres à réchauffer promptement, et à provoquer le plus tôt possible les fonctions éliminatrices de la peau, et surtout la transpiration. De semblables soins, convenablement administrés, et sans retard, pourront éloigner non-seulement la fièvre intermittente, mais encore les autres maux de caractère rhumatismal qui se manifestent presque toujours dans de semblables circonstances.

Dans les régions malsaines, on doit éviter de prendre des bains froids , surtout ceux de rivière ou de lac, qui, au lieu d'être avantageux à la santé, peuvent quelquefois produire des conséquences fatales. L'immersion dans les étangs d'eau stagnante est une véritable folie à laquelle il est rare que des fièvres intermittentes ou pernicieuses ne succèdent pas. Ce n'est pas que les bains froids d'eau pure, et particulièrement les bains de mer, doivent être tout à fait proscrits dans ces localités, car pris avec les précautions nécessaires, en provoquant presque toujours une vive réaction à la peau et fortifiant l'organisme, ils pourront être bienfaisants et même préservateurs; mais comme les gens de la campagne se conforment difficilement aux précautions indispensables, il est mieux qu'ils s'en abstiennent, dans les mois dangereux, pour ne pas courir de risque de cette nature. Néanmoins nous avons vu que dans les localités de *mal'aria* il était très-utile de conserver le corps très-propre, ce que l'on peut obtenir en prenant de temps en temps quelques bains tièdes ou chauds, mesure hygiénique très-convenable pour maintenir libres et actives les fonctions de la peau. Toutefois il faut les prendre à couvert, bien se sécher avant de se vêtir, et ensuite ne pas s'exposer immédiatement à quelque impression, même légère, de froid. Les fonctions cutanées se trouvent alors dans un état de plus forte énergie.

Si les bains froids peuvent devenir dangereux dans les localités très-infectées du miasme paludéen, il n'en est pas de même des ablutions générales faites le matin. A peine hors du lit, on passe sur tout le corps, pendant une ou deux minutes, une grosse éponge remplie d'eau froide, on essuie bien la peau, en la frottant vivement avec un linge, ensuite on provoque la réaction en marchant ou en se livrant à quelque travail musculaire, afin d'exciter la circulation et de rappeler la chaleur à l'extérieur. Au lieu d'une ablution avec l'éponge, on peut faire usage d'un drap trempé dans l'eau, dans lequel on enveloppe la personne en la frictionnant pendant cinq à six minutes. Avec l'un ou l'autre de ces procédés pratiqués pendant quelque temps, on assure non-seulement la propreté du corps, mais on donne aux fibres musculaires plus de force et d'énergie; l'innervation augmente, la peau devient moins sensible aux influences atmosphériques, moins disposée à contracter des affections rhumatismales, et par suite les fièvres de *mal'aria*. De tels soins hydrothérapiques journaliers, utiles à l'hygiène et faciles à pratiquer, devraient être répandus parmi les habitants de Rome, surtout parmi les enfants et les jeunes gens des deux sexes : ils en retireraient, outre les avantages déjà énumérés, celui de ne pas être sujets aux incommodités des maux de nerfs, qui sont si communs chez nous.

Une autre précaution à ne point négliger est celle de ne pas se laver le visage avec de l'eau très-froide, quand on a la vue fatiguée après avoir travaillé au soleil. Les fiévreux et ceux qui souffrent de fièvres périodiques obstinées doivent cesser, pendant quelque temps, toute espèce d'ablutions générales ou de bains, fussent-ils seulement tièdes. J'ai observé moi-même plusieurs fois qu'ils étaient suivis d'accès de fièvre souvent très-forts.

Tout individu de bonne santé peut, à Rome, en quelque saison de l'année que ce soit, prendre sans aucune appréhension, et même avec quelque avantage, des bains de toute sorte, des douches d'eau froide ou chaude, en suivant les méthodes hydrothérapiques, pourvu qu'il observe les règles communes à tous les pays. Mais on ne se baignerait pas sans danger dans le Tibre à certaines époques, comme pendant les mois d'août et de septembre ; on fait donc mieux de s'en abstenir dans ce temps.

Il est à désirer que l'usage des bains devienne plus commun parmi les habitants de la ville et surtout parmi les artisans et les ouvriers; la propagation des pratiques hygiéniques, si utiles, serait une œuvre philanthropique de la part de ceux qui doteraient notre ville de quelques établissements commodes, publics, où chacun pourrait sans dépense, ou moyennant une faible rétribution, se laver, se baigner à son gré.

Il suffit pour le moment de ces simples détails sur les bains, dont la salutaire influence avait tellement frappé nos ancêtres, les anciens Romains, qu'ils en avaient étendu l'usage à toutes les classes, en construisant pour cet usage des thermes monumentaux dont les ruines gigantesques frappent d'admiration leurs descendants.

V

Ne pas s'endormir la fenêtre étant ouverte, ou en plein air. — Causes qui dans ce cas produisent les fièvres intermittentes. — Comment le sommeil pris dans la journée peut devenir dangereux. — Précautions à prendre dans le cas où l'on doit passer la nuit à ciel ouvert. — Ou dans une habitation située dans une localité très-infectée. — Danger que l'on court en dormant, même à Rome, avec les fenêtres ouvertes. — Fraîcheur du soir à éviter. — Divertissements pendant la nuit, promenades publiques dans Rome. — Expédients des frères de Franquevaux. — Pourquoi le danger de ressentir le froid est-il plus grand au commencement de la soirée? — Influence des brouillards sur la reproduction des miasmes.

Après avoir énuméré les dangers qui dérivent de l'impression du froid et de l'humidité éprouvée par le corps échauffé et en transpiration, et poursuivant maintenant le même examen, nous arriverons à indiquer plus exactement les dangers de s'exposer sans précaution à l'air du soir et de la nuit, spécialement pendant l'état de sommeil, et nous tâcherons d'en rechercher les causes.

L'imprudent qui, dans une localité de *mal'aria*, oserait s'endormir la nuit avec la fenêtre ouverte, ou, ce qui serait pis encore, en plein air, éviterait difficilement une prompte attaque de fièvre, ou pour le moins quelque attaque de rhumatisme. C'est un fait qui n'a pas besoin d'être confirmé, que les fièvres qui se produisent dans de telles circonstances se montrent très-souvent plus graves et plus rebelles au traitement, surtout quand elles se produisent à la suite d'une soirée ou d'une nuit d'été fraîche et humide, ainsi que le constatent les observations exactes de tous les médecins qui exercent dans des régions malsaines.

La plus grande gravité de ces fièvres et la facilité à les contracter lorsque l'on dort en plein air peuvent provenir, conformément à ce que nous avons dit antérieurement, de ce que, tandis que la température au moment du coucher du soleil devient plus fraîche, l'humidité de l'atmosphère se condense, descend, transportant avec elle des miasmes qui, se concentrant dans les couches d'air plus rapprochées du sol, les rendent plus malsaines qu'à toute autre heure de la journée.

Les expériences que nous avons faites nous ont démontré que dans les pays malsains l'air de la nuit, particulièrement vers la brume, pendant l'été ou l'automne, est beaucoup plus imprégné de sporules ou de germes miasmatiques qu'à tout autre moment de la journée. On peut avoir la preuve de ce fait en répétant notre expérience, en examinant au microscope, le matin, la rosée déposée sur les plantes d'une localité de *mal'aria*, ou mieux celle recueillie artificiellement à l'extérieur de carafes de verre remplies de glace.

Je sais bien que certain écrivain est d'un avis différent et prétend que la rosée est, au contraire, une cause d'épuration pour l'air, parce qu'entraînant avec elle les corpuscules miasmatiques elle les dépose sur les plantes et sur la terre; mais il est également vrai que si une partie des vapeurs aqueuses se condense sous forme de rosée, une autre partie de ces vapeurs reste suspendue dans les couches inférieures de l'atmosphère, qui se conservent humides à plusieurs mètres du sol, et en conséquence encore plus chargées de sporules, comme j'ai pu m'en assurer par des observations sur l'air recueilli en temps de nuit. Cette prédominance des germes miasmatiques est, dans mon opinion, la raison principale de l'aggravation de la *mal'aria* pendant la nuit, surtout vers le moment du coucher du soleil, aggravation d'insalubrité que je ne crois pas pouvoir attribuer, comme quelques hommes de science le prétendent, à une diminution dans la quantité de l'oxygène produite par les arbres, qui, ainsi qu'on le sait, en émettent en abondance sous l'influence de la lumière du soleil, tandis que pendant la nuit ils ne produisent que de l'acide carbonique. Il est donc facile de comprendre combien est grand le danger de prendre les fièvres en s'exposant à la rosée; tous les observateurs qui l'ont signalé n'ont pas cessé de recommander énergiquement, dans les pays de *mal'aria*, de rentrer chez soi avant la chute de la rosée et de ne sortir le matin qu'après que celle-ci a disparu.

Un autre fait qui nous explique la facilité, je dirais presque la certitude, d'éprouver quelque douleur rhumatismale ou des accès de fièvre périodique en dormant près d'une fenêtre ouverte ou à l'air, c'est que dans cet état, presque toujours durant le sommeil, on transpire, et quelques personnes même fort abondamment; or, dans cette situation, on ne peut ni se prémunir ni se protéger contre les changements de température et d'humidité atmosphérique qui arrivent pendant la nuit et surtout au moment où le jour paraît. La superficie du corps se refroidissant brusquement, l'exhalation cutanée diminue, la sueur est supprimée, tandis que s'accroissent les fonctions absorbantes périphériques; en conséquence, on augmente encore par les pores et les vaisseaux capillaires l'absorption des sporules qui engendrent la fièvre et qui, à ce moment, sont, ainsi que nous l'avons dit, beaucoup plus abondants. Ajoutez que les fonctions absorbantes de la peau, d'après les recherches de quelques physiologistes, deviennent pendant le sommeil plus actives qu'elles ne l'étaient pendant la veille; cette circonstance est encore de grande importance, parce qu'elle produit dans ceux qui dorment une plus large introduction de miasme.

A ces raisons, on peut en ajouter une autre qui ne paraît pas de médiocre importance; c'est que pendant le sommeil, en respirant avec force et d'ordinaire la bouche ouverte, on fait entrer dans les poumons et les bronches une plus grande quantité de miasmes qu'en respirant légèrement et par les narines, comme on le fait pendant le jour. De plus, à ce dernier point de vue, la surface interne des narines étant tortueuse, recouverte de mucus, retient comme engluée une grande partie de ces corpuscules miasmatiques, qui autrement seraient aspirés par la bouche en même temps que l'air. Telles sont les principales raisons qui expliquent comment il arrive que le sommeil de nuit à l'air prédispose aux fièvres.

Se tenir éveillé pendant la nuit dans les lieux malsains est donc une précaution excellente pour ne pas prendre les fièvres ; elle est confirmée par de nombreux exemples. Je citerai entre autres, particulièrement, celui d'une famille riche anglaise qui vécut quelques années au milieu de la Campagne romaine, sans que jamais aucun de ses membres ait été atteint de fièvres intermittentes. Ils obtinrent ce résultat en suivant l'habitude singulière de dormir le jour et de se tenir éveillés pendant la nuit.

Quelques-unes des causes ci-dessus mentionnées, parmi lesquelles la principale est la faculté absorbante de la peau, plus grande pendant le sommeil que pendant la veille, nous démontrent encore pourquoi le sommeil en plein air, non-seulement pendant la nuit, mais même pendant le jour, provoque la fièvre périodique dans une localité très-insalubre. C'est un fait qui dans les temps passés se produisait très-souvent chez les voyageurs qui se transportaient par les diligences à Naples, en longeant les Marais Pontins, lorsqu'ils s'étaient endormis même peu de temps pendant la durée de ce trajet long et ennuyeux. Encore aujourd'hui, un semblable danger menace ceux qui voyagent auprès des marais de Pise et Rossano, dans la vallée de Crati, dans la Calabre, et le long des côtes de Brindisi et Commachio.

Gardez-vous donc, si la santé vous est chère, de vous endormir pendant l'été au serein, et même en plein jour dans les localités malsaines de la Campagne romaine, et souvenez-vous bien « que l'air des marais provoque une certaine langueur qui n'est pas désagréable, jointe à une invincible envie de dormir ; mais si vous vous endormez une heure, vous êtes pris, *siete servito* ». (*Souvenirs* d'AZEGLIO.) Il en fut malheureusement ainsi à l'égard du professeur Riva, qui, fatigué d'avoir chassé, s'endormit quelque temps sous un arbre, dans le voisinage d'un terrain marécageux. Il paya bien cher cette imprudence, car à peine de retour à Rome il fut saisi par la fièvre, qui le conduisit à la mort en peu de jours.

Si un individu se trouve dans la nécessité de passer la nuit à ciel ouvert dans la Campagne romaine, ou dans quelque autre localité insalubre, il devra se défendre autant que possible contre les émanations paludéennes, user de précautions, et prendre toutes les mesures pour éviter des atteintes qui sont presque toujours certaines et graves. On devra donc se couvrir avec soin d'un manteau ou d'une couverture convenable, se préserver également la bouche et le nez avec un mouchoir, choisir pour se reposer un endroit le plus sec possible, et mis à l'abri par quelque défense, comme un mur, une broussaille, etc., ne pas négliger, surtout, d'allumer un bon feu entretenu pendant toute la nuit, en tâchant autant que possible de se tenir éveillé en fumant modérément si on en a l'habitude, et boire une gorgée de quelque liqueur, ou un peu de vin. Quiconque ne se conformerait pas à ces prescriptions échapperait difficilement au péril qui le menace.

Si on est très-exposé à ces atteintes en s'endormant en plein air dans les pays très-infestés par la *mal'aria*, le danger est certainement de beaucoup diminué si on passe la nuit à couvert dans une cabane; non pas toutefois qu'en étant à couvert on soit en toute sécurité : je connais un certain nombre d'individus qui, pour avoir dormi pendant une seule nuit dans une masure de campagne, furent pris de fièvre, et cela probablement parce qu'ils ne surent pas prendre toutes les précautions nécessaires, celle notamment de rentrer à temps dans une cabane et d'y dormir bien couvert. Un de mes amis, qui était mon compagnon et mon aide à Ostie, où je me trouvais pour faire des recherches sur les miasmes de cette localité, dormit profondément toute la nuit, dans une petite maisonnette ; deux jours après notre retour à Rome, il fut pris de graves accès de fièvre pernicieuse, délirante, dont je pus cependant encore le guérir assez promptement. Je conseille donc à ceux qui, en été, ne sont pas habitués à fréquenter la Campagne romaine, de ne pas y passer même une seule nuit si cela leur est possible, à moins qu'ils ne puissent trouver une habitation bien abritée, surtout s'ils se trouvent éloignés de Rome et dans une localité très-malsaine. A Ostie, à Fiumicino, le médecin et le chapelain n'osent pas, pendant les mois les plus dangereux, passer la nuit dans ces localités très-insalubres, mais ils rentrent chaque jour dans Rome vers le soir.

Quoique nous voyions que l'air dans l'intérieur de Rome est bien peu vicié par les effluves miasmatiques, cependant chacun se garde bien de se coucher en laissant les fenêtres de la chambre ouvertes ou seulement entr'ouvertes même par une nuit sereine et très-chaude de l'été. Quelques personnes cependant, séduites par la brise de nuit, ont contracté cette fâcheuse habitude. Il ne suffit pas, pour agir ainsi, d'avoir confiance dans les assurances de ceux qui ont dormi impunément les fenêtres ouvertes pendant les mois d'été, parce que s'ils ont été eux-mêmes exempts de la fièvre, beaucoup d'autres ont porté la peine de leur imprudence. Il vaut donc mieux souffrir de la chaleur que de s'éveiller le lendemain avec le risque de la fièvre. Répétons donc encore à ceux qui ont un logement à Rome de tenir les fenêtres fermées pendant la nuit, surtout après les premières pluies d'août, tandis qu'ils pourront laisser les portes ouvertes pour donner à l'air une circulation plus facile et l'avoir moins échauffé. Je fais observer enfin que, si dormir en été avec les fenêtres ouvertes, dans les quartiers du centre, les plus salubres de Rome, peut être inoffensif, au contraire dans les quartiers de la circonférence, plus insalubres, cela est si dangereux qu'on éviterait difficilement un accès pernicieux ou pour le moins un grave accès de fièvre.

Après avoir insisté sur l'air humide et froid de la nuit, et sur le redoublement d'énergie de la *mal'aria* à ces heures, on peut passer à un autre avertissement; c'est que dans les régions où le miasme paludéen existe, non-seulement on ne devra pas dormir en plein air ni avec les fenêtres ouvertes, mais même se tenir en repos le soir à l'air libre autrement que bien vêtu et couvert d'un manteau. Beaucoup d'hommes de la campagne, peu après le coucher du soleil, entraînés par la fraîcheur du soir, se tiennent assis hors de leur habitation, au grand préjudice de leur santé. Cette imprudence est souvent la cause la plus ordinaire qui détermine la fièvre intermittente chez les gens de la campagne. J'ai pu moi-même m'en assurer pendant mon séjour dans quelques localités de notre campagne. C'est chose si facile d'être pris par les fièvres intermittentes quand le soleil a disparu de l'horizon, que Mayo, Gasparin et d'autres ont prétendu que la *mal'aria* n'exerçait son influence funeste que pendant la nuit. Ceci ne nous paraît pas conforme à la vérité, puisqu'on peut encore à d'autres heures du jour être exposé à ce danger.

Même pour les habitants de Rome, s'exposer à la fraîcheur du soir est une occasion facile pour prendre les fièvres; tous les médecins de notre ville savent par expérience combien y sont exposés ceux qui visitent notre Arène, le Mausolée d'Auguste, quand ils prolongent la durée de ce spectacle jusqu'à la nuit. Cet inconvénient se produit seulement chez ceux qui restent assis et immobiles dans les lieux ouverts et humides de Rome, tandis que les habitants que l'on voit dans les rues ne courent aucun danger et peuvent impunément circuler par la ville à toute heure de nuit. Les soldats placés en sentinelle dans les postes les moins salubres de Rome ou de la campagne devront dès le coucher du soleil se bien couvrir avec la capote, et faire les quelques pas qui sont accordés aux sentinelles.

Dans les pays méridionaux, afin de jouir de la douce température des nuits, on a l'habitude de se donner rendez-vous dans quelque localité plaisante, agréable, par exemple sur les terrasses, dans des jardins ou des villas; on y cause, on y prend des sorbets, de la bière ou du vin, on y dîne, et il n'est pas rare que l'on y danse jusqu'à une heure avancée. Si de telles coutumes peuvent avoir lieu sans danger dans quelques parties de l'Italie, il n'en saurait être de même pour nous en ville, et moins encore dans les jardins et villas des environs, où après de pareils divertissements il est très-facile, du milieu d'août à la fin de septembre, de gagner les fièvres périodiques. Par conséquent, il est bon d'éviter à Rome, pendant ce temps plus dangereux, les distractions de nuit dans les jardins ou les villas, ou du moins, si l'on veut rester tranquille à l'air pendant la soirée, il faut choisir une place ou une localité sèche, dans un centre habité. Ces conditions favorables se rencontrent pour notre climat sur la place Colonna, où à toute époque de l'été les personnes qui se réunissent en foule attirées par la musique, quoique n'étant pas en danger de contracter les fièvres, préfèrent encore marcher en se promenant plutôt que de rester assises.

Pendant le jour, on peut, à Rome, fréquenter les villas, jardins et toute autre promenade sans aucune appréhension, pourvu qu'on n'oublie pas les avis que nous avons donnés précédemment, surtout celui de ne pas s'arrêter à la fraîcheur quand on est en état de transpiration. Le Pincio est un lieu très-convenable de promenade, spécialement pendant l'hiver; la villa Pamphili, exposée aux vents du sud, et la villa Borghèse qui est dans un fond et très-couverte d'arbres grands et feuilleux, sont plus humides et plus fraîches; on ne peut les fréquenter tout à fait sans danger, l'été, après le coucher du soleil. On fera donc sagement de les quitter avant ce moment.

Si les frères du couvent de Franquevaux, en Languedoc, étaient presque tous exempts des fièvres intermittentes, bien qu'ils eussent l'habitude de dîner l'été en plein air, ainsi que le rapporte Rigauld de l'Isle, on doit l'attribuer aux doubles tentes de canevas sous lesquelles ils avaient coutume de dresser leurs tables ; de cette façon, les germes miasmatiques ne pouvaient traverser la toile et l'air y passait comme filtré. De là on peut tirer la conséquence qu'il est avantageux, dans les localités très-malsaines, d'entourer les lits avec des étoffes de toile claire, ou mieux avec des tissus fins en laine, comme on fait les moustiquaires ; ils ont l'avantage, outre celui d'éloigner ces petits animaux fatigants qui abondent près des eaux stagnantes, d'arrêter aussi en partie les miasmes, et de maintenir une température constante pendant la nuit.

Quiconque vers la brune, spécialement quand il y a du brouillard, se trouvera en été loin de son logis, dans une campagne assez malsaine, comme Macarese, Campo-Salino, Porto, devra suivre les mêmes conseils que nous donnons à celui qui doit passer la nuit à la belle étoile, c'est-à-dire se couvrir du manteau (*il pastrano*), en soulever le large collet de manière à se couvrir la figure, ou se jeter sur l'épaule un pan du manteau (*mantello*), de manière à couvrir le nez et la bouche, qui sont les voies par lesquelles les miasmes pénètrent plus facilement dans l'économie animale ; il prendra une gorgée de quelque liqueur excitante ou de vin, il ne restera pas immobile, mais hâtera le pas afin de regagner sa demeure. Je donnerai le même conseil aux ouvriers et aux paysans de notre campagne ainsi qu'aux propriétaires, pour les mois d'août et de septembre, c'est de rentrer chez eux peu de temps avant la brune et de ne plus en sortir avant le lever du soleil.

Celui qui doit vivre dans un climat de condition paludéenne ne doit pas perdre le souvenir du vieux dicton romain : *Antelucanus et nocturnus aer vitandus.* — Il devra donc dans les mois chauds se retirer tous les soirs chez lui, de bonne heure et toujours avant le coucher du soleil, fermer les fenêtres, et ne sortir le matin qu'un peu après le lever du soleil, quand la rosée est séchée, c'est-à-dire quand la température est devenue plus chaude et moins variable. Tout cela parce que, comme nous l'avons plusieurs fois fait observer et comme il n'est pas inutile de le répéter, les variations thermo-hygrométriques les plus sensibles et les plus dangereuses se produisent dans l'atmosphère le soir et le matin. Il arrive alors que la température s'abaisse, que la chaleur animale périphérique se perd promptement, et que les fonctions exhalantes et éliminatrices *centrifuges* de la peau diminuent d'énergie, tandis que les fonctions absorbantes *centripètes* augmentent d'intensité, et que par conséquent le miasme est absorbé par l'organisme en plus grande quantité. Mais il y a plus encore : aux heures du soir et du matin, ordinairement la rosée tombe, ou bien il s'élève de terre un brouillard dans lequel les principes miasmatiques se trouveront en abondance et seront portés largement aux alentours ; outre que, comme nous l'avons démontré par des expériences répétées, l'air de la nuit, surtout au moment de la brune, contient avec l'humidité et la rosée beaucoup plus de germes miasmatiques qu'à toute autre heure de la journée. Tous ces faits, et plus qu'aucun autre la condensation considérable des miasmes dans les couches inférieures de l'atmosphère, en même temps que la diminution du calorique animal et l'absorption plus active de la peau, expliquent comment il est si facile de prendre les fièvres à ces heures, et donnent la raison exacte de cette précaution commune à tous les habitants des localités paludéennes, d'éviter en été, surtout après les premières pluies, la fraîcheur et l'humidité du soir comme étant ce qu'il y a de plus pernicieux pour la santé.

Après avoir parlé des brouillards et avoir indiqué comment ils influent tant, sur le transport et la production des miasmes, en augmentant les fermentations végétales mentionnées précédemment, que sur la prédisposition qu'ils augmentent en nous pour les absorber, j'ajouterai que, dans Rome, les brouillards sont rares pendant l'été, mais plus fréquents dans la campagne, surtout dans le voisinage des étangs, des marais, des bas-fonds, et le long du bassin du Tibre. Si l'on observe au matin, de bonne heure, la grande plaine de Rome, d'un lieu élevé comme la colline de Tusculum ou d'Albani, on aperçoit souvent çà et là une grande quantité de nuages épais qui, après le lever du soleil, s'élèvent lentement, se raréfient et ne tardent pas à se dissoudre. Pareto a constaté le nombre de journées nébuleuses dans quatre mois chauds :

Juin	2	jours.
Juillet	1	—
Août	0	—
Septembre	6	—

En octobre, il n'en a constaté aucun ; cependant cet observateur fait remarquer en même temps que quand le brouillard n'est pas épais il est difficilement vu de ceux qui se trouvent dans son milieu. Par conséquent, on pourrait indiquer pour Rome des journées légèrement nébuleuses en plus grand nombre que ce qui est indiqué. Nous avons dit que les brouillards, en transportant avec eux une quantité considérable de germes miasmatiques paludéens et d'autres espèces, nuisent beaucoup non-seulement aux hommes et aux animaux, mais encore notablement aux plantes. En effet, les germes que l'on peut reconnaître au microscope, portés vers la terre par les brouillards et déposés sur la plante, y restent pendant la nuit entière, baignés dans une atmosphère très-humide ; le matin, ils sont promptement échauffés par les rayons du soleil, ils germent facilement et croissent, en causant à la plante diverses maladies, le *charbon*, la *carie*, la *rouille*. C'est par cette raison qu'un brouillard épais qui couvre un champ de grain compromet très-souvent la récolte.

Les conditions générales de notre climat par rapport aux causes génératrices de la *mal'aria* ont été examinées, ainsi que les effets observés sur l'économie animale, dans un pays malsain, par suite des variations rapides d'équilibre, de chaleur et d'humidité. Arrivons à étudier une autre proposition : l'influence des aliments et des boissons sur l'hygiène dans les pays de *mal'aria*.

VI

Excès de nourriture. — Aliments plastiques et respiratoires. — Aliments à préférer ou à proscrire. — Différents degrés de forces digestives. — Alimentation substantielle nécessaire pour résister à l'action des miasmes. — De la traversée des localités paludéennes étant à jeun. — Manger à des heures convenables et régulières. — L'usage modéré du vin préserve des fièvres. — Excès de boissons. — Liqueurs, thé, café, bière, eaux potables. — Celles à préférer ou à éviter. — Assainissement des eaux impures. — L'eau est un moyen d'infecter l'organisme. — Les eaux de Rome excellentes et abondantes. — *Aqua Marcia*.

Dans les régions malsaines, les forces du corps sont en général languissantes et disposées à la prostration, en sorte que tous les individus y ressentent une faiblesse, une langueur qui pousse à la nonchalance ; l'appétit y devient moins vif, les digestions y sont pénibles. Il convient donc d'observer une bonne règle de vie, de ne jamais faire d'excès de nourriture, de s'abstenir d'aliments lourds et peu digestifs, car c'est encore plus la qualité que la quantité qui, en général, est nuisible. Pétronius conseillait aux Romains et aux étrangers qui séjournaient dans notre pays de faire usage d'aliments légers et rafraîchissants; il entendait par là ceux qui n'étaient ni lourds pour l'estomac, ni excitants [1].

Les infractions diététiques donnent lieu à différentes maladies intestinales, telles que coliques, indigestions, catarrhe, gastro-entérite ; ces indispositions troublent les fonctions digestives et celles qui ont pour effet l'assimilation ; elles affaiblissent l'organisme et le rendent incapable de résister aux miasmes absorbés et jusqu'alors, à l'état latent. Le plus fâcheux, c'est quand ces excès engendrent une fièvre catarrhale, qui conduit presque toujours, dans les régions de *mal'aria*, à un accès de fièvre intermittente.

Je n'ai pas à donner ici de longs détails sur les aliments ; je dirai seulement que ceux-ci, considérés au point de vue physiologique, se divisent en deux espèces différentes, selon les principes alimentaires qu'ils contiennent. Ainsi on les divise en *aliments plastiques ou albuminoïdes*, et en *aliments respiratoires ou calorifiques*. Les premiers abondent en azote, contiennent les matériaux qui forment la chair et servent à réparer les pertes des tissus organiques. Les seconds, aliments respiratoires ou produisant la chaleur, sont ceux qui fournissent les matériaux nécessaires à la respiration, source principale de la chaleur animale ; ainsi sont les huiles, les matières grasses en général, le sucre, etc. Outre ces deux espèces, on peut en admettre une troisième, formée des *aliments minéraux*, comme le sel de cuisine, le sel de chaux, le fer. Donc,

1. *De victu Romanorum et de salubritate tuenda*. Romæ, 1581.

pour qu'un aliment soit parfait, il doit contenir les principes nécessaires à l'accomplissement de ces fonctions : la nutrition et la respiration. Ce résultat s'obtient mal par l'emploi d'une seule espèce d'aliment, mais on y arrive par une alimentation mixte et variée, composée de substances albuminoïdes, grasses, féculentes, comme celles dont usent en général les peuples civilisés.

Il ne suffit pas qu'une nourriture contienne les principes nécessaires et suffisants au maintien des fonctions de la vie végétative, pour pouvoir la dire bonne dans le sens hygiénique; il faut aussi qu'elle soit légère à l'estomac et point indigeste, sinon elle produirait, dans les voies gastriques, des désordres qui dans les pays malsains sont toujours dangereux. La manière même de cuire les aliments, et particulièrement la viande, n'est pas indifférente. Les viandes rôties sont plus digestives et plus nourrissantes que les viandes bouillies. Le bouillon, dont on parle tant, peut à peine être considéré comme un aliment, car il ne contient en dissolution qu'une très-faible quantité de matériaux alimentaires. Cette boisson convient plus aux malades qu'aux hommes de travail, qui ont besoin de beaucoup d'autres choses que de bouillon.

Quelques personnes prétendent que le poisson, et surtout celui des lacs ou des étangs, n'est pas un aliment convenable dans des localités malsaines, où, en général, il est interdit par quelques médecins aux fiévreux et à ceux qui sont atteints de fièvres périodiques. Je suis disposé à croire que le poisson, s'il est frais et de bonne qualité, peut être mangé sans danger, même par des convalescents, comme une viande tendre, que même la plupart de ceux-ci le préfèrent à la viande, et qu'il est d'une digestion plus facile. Nous n'en dirons autant ni des huîtres, ni des homards, ni des poissons de même espèce, qui sont en général lourds et indigestes.

Le laitage, quoiqu'il soit bon à Rome, ne convient pas à toute personne en été ; il produit souvent des douleurs de ventre. Dans ce cas, le mieux est de s'en abstenir. Il en est de même des fromages trop secs, salés, vieillis, dont il est mieux également de s'abstenir dans la saison chaude ; toutefois, pris en petite quantité, ils peuvent stimuler les fonctions de quelques estomacs un peu engourdis.

Parmi les aliments salubres, on peut placer les légumes frais et spécialement ceux qui sont cuits, pourvu qu'on en fasse un usage modéré et qu'ils ne constituent pas seuls la principale alimentation, parce que les matériaux plastiques leur manquent en grande partie. Les légumes, que Moleschott appelle, dans un langage un peu emphatique, la *viande du pauvre*, sont assez nutritifs et faciles à digérer, s'ils sont bien cuits, sans enveloppes, et passés dans un tamis.

Le blé de Turquie ou *formentone*, réduit en farine dont on fait des galettes, aussi bien que la polenta si connue, sont peu nutritifs, contrairement à l'opinion généralement reçue, parce que, comme le riz et la pomme de terre, ils sont pauvres en substances albuminoïdes et lourds pour l'estomac. Il serait même bon de voir diminuer la consommation qui en est faite aujourd'hui par les paysans, pour lesquels la polenta est le principal et souvent l'unique aliment. On pense même assez généralement que la *pellagre*, maladie assez fréquente chez les paysans du Piémont et de la Lombardie, dans quelques localités de l'Espagne, de la France et des principautés du Danube, est causée par l'usage excessif du *formentone*. Le pain de froment forme la nourriture la plus ordinaire, l'aliment principal des populations : le plus nutritif et le plus salubre est celui qui est préparé avec toutes les parties du grain, après avoir enlevé le son le plus grossier.

Dans les pays de *mal'aria*, on peut toujours manger des fruits, cependant avec modération, et pourvu qu'ils soient mûrs et de saison. En Sardaigne, on regarde comme pernicieux ceux qui proviennent des localités insalubres, et même aussi chez nos campagnards c'est une opinion commune que quelques espèces de fruits, spécialement ceux qui ne sont pas mûrs, donnent la fièvre. En général, il est mieux d'en faire un usage modéré et de rejeter tous ceux qui, n'ayant pas une complète maturité, sont peu digestifs. Dans la saison d'été, on devra s'abstenir de manger de la viande de porc, qui dans notre Campagne n'est pas bonne en cette saison et est d'une digestion difficile ; aussi c'est un règlement municipal sage que celui qui défend, à Rome, d'abattre ces animaux pendant les mois de chaleur. Sont encore d'une digestion plus difficile les viandes de porc et de poisson séchées et fumées, ou conservées dans le sel et le vinaigre ; l'usage prolongé de cet aliment produit souvent des maladies de peau. Les anciens l'avaient reconnu, et Plutarque (*De Iside et Osiride*) affirme que l'alimentation avec la viande de porc produit la fièvre ; Zimmerman a constaté que la fièvre se manifeste parmi les Irlandais qui se nourrissent de saumon salé. Il faut rejeter d'une manière absolue les aliments gâtés, la viande en état de putréfaction, surtout si elle conserve une mauvaise odeur après la cuisson.

Pour que le choix de l'alimentation soit convenable, il est bien encore de prendre conseil de son propre estomac. Cet organe est vraiment bizarre dans l'accomplissement de ses fonctions, tellement qu'un médecin savant, mais à la vérité peu galant, n'hésitait pas à le comparer à la cervelle d'une femme. C'est un fait certain que les fonctions de l'estomac ont quelquefois des excès d'énergie, d'autres fois des excès de lenteur. Cela se rencontre non-seulement chez des individus différents, mais aussi chez la même personne, de sorte que les digestions peuvent varier avec les changements d'âge, de saison, et même aux diverses heures de la journée ; ainsi tel aliment qui peut être mangé impunément au dîner est pour quelques-uns lourd et indigeste au souper. Ajoutez que dans un certain état, défini par les médecins sous le nom d'*idiosyncrasie*, quelques estomacs ont en aversion et rejettent certains aliments, comme les fraises, les truffes, certaines espèces de poissons, le beurre, qui sont cependant d'une digestion facile et très-salubres pour la plupart des individus; au contraire, pour quelques autres, ils sont très-difficiles à digérer, même pernicieux, et produisent des vomissements, des troubles intestinaux, des éruptions sur la peau, plus spécialement l'urticaire ou d'autres désordres semblables à ceux produits par l'ingestion de substances vénéneuses. Dans ce cas, le meilleur conseil sur la convenance individuelle des aliments vient plus de l'expérience personnelle que de l'ordonnance du médecin.

De tout ce qui précède, il ne faut pas conclure que les aliments doivent être très-réduits et insuffisants, car dans les localités exposées à la *mal'aria*, pour mieux résister à la malignité des effluves, il est nécessaire que le corps soit bien nourri, avec des aliments substantiels, et, de préférence à tous autres, avec de la viande fraîche et de bonne qualité. C'est une chose désormais reconnue de tout le monde, que les ouvriers qui ne prennent qu'une nourriture médiocre et de mauvaise qualité sont plus exposés aux fièvres dans les lieux malsains que ceux mieux nourris habituellement et qui mangent de la viande presque tous les jours. Plusieurs fois, le changement seul de nourriture a suffi pour éloigner ou au moins pour rendre plus rares les accès de fièvres parmi quelques groupes de paysans employés aux travaux des champs dans la Campagne romaine ; ce qui vaut toujours mieux que le dicton commun et qui est dans toutes les bouches des gens des Maremmes, que le mauvais air est dans la marmite : *L'aria cattiva è nella pentola.* Ainsi, sur la tenance de Leri, Cavour a pu améliorer considérablement les conditions hygiéniques de ces paysans, grâce « à des habitations saines et propres, à une bonne nourriture et à tous ces avantages que les doctrines économiques conseillent d'après l'expérience, et que les utopies sociales promettent légèrement. — *Da burla.* » — (G. Torelli).

Je pourrais rapporter beaucoup de faits qui démontreraient que les paysans et les ouvriers qui se nourrissent bien en mangeant de la chair, non-seulement évitent facilement les fièvres, mais aussi travaillent mieux et beaucoup plus que ceux qui se nourrissent mal. Cela est évident. Le travail, en usant les forces, use aussi les tissus musculaires, pour l'entretien desquels une bonne alimentation, contenant des principes albuminoïdes suffisants, est nécessaire. A l'époque de la construction de la voie ferrée de Paris à Rouen, les ouvriers anglais, qui mangeaient du rosbif, produisaient un tiers de travail de plus que les ouvriers français, qui n'avaient presque pour toute nourriture que de la soupe et des légumes. On changea ce régime et les derniers égalèrent les Anglais par leurs travaux. Dans les temps actuels, la viande par son prix élevé est presque exclue de la table déjà trop frugale du paysan ou de l'ouvrier. Si la cherté de la viande continue, je suis convaincu que la vigueur de ceux-ci diminuera de jour en jour, à tel point que nous ne pourrons peut-être plus répéter ce que disait un poëte, que « la plante humaine croît en Italie plus robuste qu'ailleurs ». A défaut de viande de bœuf, on pourrait manger de la viande de cheval, qui par suite de vieux préjugés est répudiée sous le prétexte que son usage est *immonde et blâmable*. Telle était du moins l'opinion des papes Grégoire III et Zacharie. Aujourd'hui, elle est reconnue bonne au goût et salubre. A Londres, à Paris, à Milan, on consomme à présent de la viande de cheval avec un avantage qui n'est pas à dédaigner pour la cuisine et pour l'hygiène de la partie du peuple la moins à l'aise.

En raisonnant sur l'alimentation, je rappellerai aussi, comme une chose nuisible dans les lieux où sévit la *mal'aria*, de sortir de chez soi de bonne heure avec l'estomac vide. Il est prouvé que dans cet état les fonctions absorbantes de l'estomac se réveillent avec plus d'énergie : l'absorption du miasme paludéen par cette voie est plus grande, outre que l'état de débilité dans lequel se trouve le corps rend l'organisme moins fort pour résister à l'action délétère des principes miasmatiques. C'est un avis utile de ne jamais traverser un pays insalubre, ou de ne s'y arrêter qu'après le repas ou du moins après avoir mangé quelque chose, ou bu du vin, du café ou quelque liqueur alcoolique. Cette louable précaution est déjà usitée dans quelques pays malsains, et l'armée française en Algérie, l'armée anglaise en garnison dans les immenses possessions des Indes infectées de *mal'aria*, se sont bien trouvées de l'avoir suivie. En 1824, on reconnut que parmi les matelots du *Thétis*, navire à l'ancre au cap Coast, en Afrique, ceux qui avaient mangé avant de descendre à terre avaient été exempts de la fièvre, laquelle avait, au contraire, saisi tous ceux qui avaient négligé de prendre quelque nourriture avant de débarquer. A l'égard de nos soldats, quand dans l'été, par un temps de nuit ou au matin de bonne heure, ils quittent la porte de Rome pour faire une longue marche, ils devraient toujours, avant de quitter le quartier, prendre quelque aliment ou quelque boisson, ou tout simplement une tasse de café avec un peu de rhum. C'est encore là une précaution très-utile pour conserver l'hygiène de notre armée dans Rome.

Pour terminer cette discussion sur l'alimentation, je veux rappeler que les repas doivent être faits chaque jour avec régularité, c'est-à-dire toujours à la même heure ; l'estomac, s'habituant à cette périodicité, accomplit mieux ses fonctions. Le souper doit être de préférence frugal, sans aliments lourds. Il faut agir ainsi afin de dormir d'un sommeil tranquille, sans rêves fatigants, et de se réveiller la bouche saine, et exempt de maux de tête. Qu'on se souvienne aussi que dans les pays d'air vicié on a reconnu le danger de manger le soir en plein air. Je crois que dans ce cas, outre les variations thermo-hygrométriques et les autres raisons données ailleurs, il y a une facilité plus grande d'avaler avec la nourriture une quantité notable de germes miasmatiques ou de sporules, qui à cette heure du soir abondent dans l'air. En effet, Lancisi, Dobizenski et d'autres conseillent même de ne pas avaler sa salive en traversant une localité très-infectée. Il est donc sage de souper avant le coucher du soleil, ou encore après que la soirée est déjà commencée, pourvu qu'on ne mange pas à l'air, et en observant la modération convenable.

Dans les localités de conditions paludéennes, l'usage du vin a toujours été reconnu très-avantageux pour la santé, et considéré avec raison comme le meilleur préservatif, puisque l'expérience a confirmé que tous ceux qui en boivent, quelquefois même largement, sont plus exempts de la fièvre que ceux qui s'en abstiennent. Ainsi, pour donner plus de vigueur aux forces du corps, on boit du vin, surtout le soir, quelquefois, il est vrai, plus que cela ne serait nécessaire d'ordinaire à un homme sain ; du moins, que ce ne soit pas un vin falsifié, mais franc et généreux. Les vins rouges secs, ou, comme on a l'habitude de le dire, *asciutti*, et les amers doivent être préférés à ceux qui sont doux et blancs, parce que dans les premiers prévalent quelques principes fournis par la peau des grains de raisins, tels que le tanin, qui les rendent plus toniques et plus stomachiques. Ceci n'enlève pas le mérite de quelques vins blancs des châteaux romains, *dei castelli*, qui conviennent mieux à quelques personnes. Le vin, pourvu qu'on en use avec modération, agit sur l'économie animale comme un excitant très-utile, activant toutes les fonctions du corps et surtout la digestion. Il constitue une boisson et même un aliment pour notre population, notamment pour les ouvriers, qui, à dire vrai, sont aussi intempérants pour la boisson qu'ils sont parcimonieux pour la nourriture.

S'il convient de faire, dans une certaine mesure, un peu largement usage de bon vin dans les régions malsaines, les excès de boisson, au contraire, sont pernicieux, surtout quand ils conduisent à l'ivresse, qui, en brisant les forces du corps, trouble ses fonctions; souvent même ils sont une raison suffisante du réveil de la fièvre périodique, même avec des accès graves, comme je l'ai pu observer. Je sais bien que, pour faire cesser des fièvres obstinées, quelques individus du peuple recourent comme dernier expédient à un excès d'ivresse, et quelquefois avec un heureux résultat; mais il est d'autre part très-vrai qu'après un tel excès on retombe presque toujours dans un nouveau et grave paroxysme de fièvre. On devra surtout éviter l'abus de l'eau-de-vie, du rhum et de toutes les autres liqueurs alcooliques; il augmente les congestions des entrailles si communes aux Romains et ne se peut supporter dans notre climat. Néanmoins les boissons alcoolisées, quand on en use avec une grande réserve, peuvent devenir utiles dans les climats paludéens, si l'on se trouve, à un moment du soir ou de grand matin, en pleine campagne, principalement si on a l'estomac vide. Qu'on se rappelle cependant que l'ivresse produite par les liqueurs alcooliques a des conséquences plus graves que celle du vin, surtout quand les liqueurs sont préparées avec l'alcool obtenu par la fermentation des pommes de terre, contenant des principes étrangers qui produisent un effet toxique et très-énergique sur le cerveau.

On peut prendre impunément du café et du thé en quantité appropriée au tempérament de chaque individu. Je leur reconnais aussi quelques qualités préservatrices, dérivant d'un léger degré d'excitation (différente de l'ivresse du vin), et qui provient de l'effet des principes amers et antimiasmatiques qu'ils contiennent, tels que la *caféine*, la *théine*. Dans certains pays, de fortes infusions de café ont agi avec succès pour guérir des fièvres intermittentes rebelles à la quinine. Quelques médecins et physiologistes considèrent ces boissons comme un aliment nerveux; elles peuvent en effet quelquefois soutenir les forces épuisées par un travail musculaire excessif. Le café torréfié semble jouir aussi de certaines qualites désinfectantes. Il conviendrait aussi aux citadins et aux gens aisés, comme sont les riches tenanciers (*mercanti di campagná*), de boire une tasse de bon thé ou de café chaud vers le soir, quand ils passent la nuit, pendant les mois de chaleur, dans quelque localité ou quelque ferme à la campagne. Les Anglais donnent à leurs soldats qui séjournent dans des contrées de *mal'aria* du café comme prophylactique. A la fin de 1805, le docteur R. Jackson le recommandait comme un excellent préservatif dans l'ouest de l'Inde. Cependant il est bon d'avertir que l'usage même non excessif du café et du thé peut produire chez certains individus cet état spécial d'excitation nerveuse, commun chez nous et dont j'ai déjà parlé. La bière de bonne qualité, bien fermentée et bien préparée avec du houblon, telle qu'on la fait à Vienne, en Bavière, en Angleterre, est une excellente boisson, amère, tonique, qui désaltère plus que le vin et peut être douée de quelques qualités préservatrices.

En voilà assez sur les boissons; cependant nous ne pouvons nous abstenir de dire quelque chose, par extension, sur les eaux potables ; c'est une question qui n'est pas de légère importance partout, et surtout dans les pays où règnent les pernicieuses influences de la *mal'aria ;* on n'y doit boire que de l'eau très-limpide, de source ou de fontaine, qui est ordinairement la plus pure et la plus saine ; il faut s'abstenir autant que possible de boire de l'eau de rivière, de fossé et de toutes celles qui pendant un long trajet courent ou restent à découvert. Si on manque d'eau de source ou de bonne qualité, on pourra sans inconvénient faire usage d'eau de citerne ou de puits profonds, pourvu qu'ils soient bien tenus, et non souillés par l'écoulement des eaux de rebut des habitations voisines, ou, ce qui serait pis encore, des fosses d'aisance ou d'autres matières putrides. Il est inutile de dire, tant la chose est bien reconnue de tout le monde, que les eaux stagnantes, bien que claires et d'une saveur qui ne serait pas désagréable, doivent être absolument proscrites, ainsi que le conseillait déjà Hippocrate. Les chasseurs et les paysans pressés par la soif n'en boivent jamais impunément.

Les eaux, pour être potables, devront être non-seulement privées d'odeur et de couleur, mais être précisément, comme dit Pétrarque, claires, fraîches, douces, *chiare*, *fresche*, *dolci acque*. Elles doivent aussi être suffisamment aérées, ne contenir aucune matière organique, ni des sels en excès, entre autres du carbonate, du sulfate de chaux ou gypse, des nitrates ou des chlorures. Les eaux trop chargées de sels dissolvent mal le savon et cuisent imparfaitement les légumes; elles sont lourdes pour l'estomac et insalubres; les eaux contenant des substances organiques, ou troublées par l'argile ou le sable, ont aussi les mêmes inconvénients, mais le manque absolu de quelques sels et notamment de carbonate de chaux rend les eaux peu digestives ; l'excès de chlorure les rend, en général, purgatives. Celles que l'on boit dans les pays de *mal'aria* sont exposées à être souillées par les germes miasmatiques qu'apportent soit le mélange fortuit des eaux de marais, soit les vents, quand ces eaux restent longtemps exposées à l'air.

Si, par malheur, on ne pouvait faire venir de l'eau potable dans une localité, si l'on manquait de tout moyen de s'en procurer, ou enfin, si la soif contraignait à boire de l'eau mauvaise ou viciée, il faudrait absolument la clarifier avec toute l'attention possible avant d'en faire usage. Cela peut s'obtenir de plusieurs manières : si l'eau contient seulement en suspension du sable ou de l'argile, on pourra la clarifier en la filtrant, ou en la laissant déposer dans des vases pendant quelque temps. Si cette eau vient d'un étang, il est nécessaire de la faire chauffer, jusqu'à bouillir, puis de la laisser refroidir ; on la filtre ensuite pour en séparer les dépôts qui pourraient s'y trouver ; enfin on la bat et on l'agite vivement à l'air, afin qu'elle reprenne l'oxygène que la forte chaleur en a fait sortir. On peut encore épurer les eaux de citerne, de rivière, de fossé, en les faisant passer au travers de fragments de pierres ponces, de charbon et de sable lavé, disposés par couches au fond d'une cuve ou de tout autre récipient. Pour purifier des eaux imprégnées de matières organiques, on fabrique aujourd'hui des ustensiles de terre cuite, poreuse, ce qui, à dire vrai, n'atteint pas le but désiré. On n'est pas assuré d'obtenir mieux en versant dans l'eau, ainsi que le font beaucoup de personnes, et comme le faisaient les anciens, quelque acide, ou, suivant d'autres conseils, quelques gouttes de goudron liquide obtenu du charbon fossile — le *coaltar* — qui communique à l'eau une odeur de bitume désagréable. Entre autres expédients conseillés jusqu'à présent et offrant les meilleures chances de réussite, signalons celui qui consiste à dissoudre dans l'eau suspecte un peu de permanganèse de potasse et de la filtrer.

L'eau infectée est un des agents les plus fréquents et les plus énergiques pour troubler l'organisme, parce qu'avec l'eau sont ingurgités tous les principes corrupteurs qui peuvent y être mêlés par hasard. C'est une croyance générale aux Indes que les eaux absorbent les miasmes, et qu'étant ensuite bues elles produisent les fièvres périodiques. Je pourrais rapporter ici plusieurs exemples, pour démontrer la facilité avec laquelle une eau souillée peut répandre au milieu d'une population des maladies contagieuses, le choléra, la dyssenterie, la fièvre typhoïde et les fièvres intermittentes. Mais je me contenterai du fait évident raconté par Boudin, tout à fait approprié à notre cas, et qui s'est produit sur des soldats embarqués sur trois navires de guerre allant de Bône à Marseille. Or beaucoup de gens, embarqués sur un de ces vaisseaux où l'on avait fait provision d'eau malsaine provenant de marais, furent, pendant le trajet, atteints de fièvres rémittentes et intermittentes; plusieurs périrent, tandis que tous ceux qui, sur les autres navires, avaient eu à boire une eau saine et provenant de sources, furent tous à l'abri des fièvres.

Un autre fait plus récent de l'intoxication de notre organisme produite par les germes miasmatiques et leur facile propagation au milieu d'une population, au moyen des eaux, s'est manifesté dans une commune de notre province, nommée Cantalupo, *près de Tivoli*. Dans ce petit pays, où il y avait autrefois de fréquentes fièvres intermittentes, aujourd'hui on nous affirme que ces maladies auraient considérablement diminué et seraient devenues moins graves, depuis qu'au lieu de la mauvaise eau de citerne qui y était bue exclusivement dans un temps passé on fait usage de l'eau de Marcia, amenée de la source dans le voisinage par des conduits. C'est encore l'abandon des eaux de puits pour l'eau de Marcia qui permet aux moines résidant à Sainte-Agnès hors la porte Pia de moins ressentir l'influence de la *mal'aria*.

Il est inutile d'expliquer les dangers que l'on court en buvant, ayant chaud et étant en transpiration, de l'eau glacée, bien que très-pure; nous en avons parlé ailleurs. Je dirai seulement encore que les eaux qui ont le défaut opposé, c'est-à-dire qui sont trop chaudes, produisent à la longue des troubles dans les voies *gastro-entériques*.

Il résulte de tout ce que nous avons dit que, dans un pays de *mal'aria*, on doit boire exclusivement des eaux pures, fraîches et salubres, et rejeter toutes celles qui pourraient être souillées, soit par une longue exposition à l'air, soit par un mélange fortuit avec quelques eaux corrompues. En général, les eaux qui existent dans la Campagne romaine, *Ager romanus*, sont bonnes, et même dans cette localité, là où elles font défaut, il est facile de s'en procurer de très-bonnes au moyen de puits ou de quelque procédé de nouvelle invention, comme la *trivelle* ou la pompe. Quant à la ville de Rome, on n'a pas à craindre que ses habitants soient exposés à boire des eaux viciées ou mauvaises, puisqu'on y a amené les eaux de quatorze sources pures et saines, qui, dès l'antiquité, y venaient aboutir par autant d'aqueducs.

Les eaux que nous avons aujourd'hui sont, pour notre grand avantage, abondantes, pures et de source : telles sont celles de Trévi, la Marcia , la Félice et la Paola. Mais cette dernière, l'*aqua Alsiensis* des anciens, est regardée comme de beaucoup inférieure aux autres; en général, on ne la boit pas; elle est réservée pour d'autres usages. Même la Marcia ou Marzia, amenée récemment à Rome, paraît être plus chargée de carbonate calcaire, comme je l'ai vérifié par des observations hydrométriques et des analyses chimiques; elle vient après les eaux de

Trévi et de Vergine, ce qui n'empêche pas qu'elle soit une eau très-potable, légère à l'estomac, fraîche et exempte de tout mauvais principe, courant sous terre dans des tuyaux de fonte [1]; d'autres eaux très-

1. L'eau de Marcia ou Marzia, amenée à Rome au moyen d'aqueducs par le préteur G. Marcio selon les uns, ou selon les autres par Ancus Marcius, était en grande estime chez les anciens, comme le témoignent Pline, Frontin, Tibulle, Stace, et Strabon qui la disait la meilleure de toutes : *Gloriaque reliquas aquas vincit.* Depuis qu'elle a été nouvellement amenée dans Rome par une compagnie romaine, elle n'a pu maintenir sa bonne et antique réputation dans toute son intégrité. Il est reconnu qu'elle laisse quelque sédiment aux parois des carafes et qu'elle obstrue facilement les petits conduits par lesquels elle coule, usant assez promptement les robinets en métal. Il n'y a pas de doute que l'eau de Marcia contient plus de carbonate de chaux que celles de Trévi ou de Vergine; le degré hydrométrique et l'analyse chimique le démontrent clairement; cependant je ne puis affirmer si la très-petite quantité de sel calcaire qu'elle contient en plus que l'eau de Trévi peut justement lui faire perdre son ancienne réputation. Quelques-uns prétendent qu'elle n'est pas identique à l'ancienne parce qu'elle ne vient pas des mêmes sources. Laissant de côté toute autre question, je suis disposé à croire que l'eau actuelle de Marcia amenée par de nouveaux conduits a été viciée par des infiltrations d'autres eaux et principalement par celle d'Aniene qui suit l'aqueduc sur un long parcours. La vérité, c'est que la Marcia, après une forte pluie ou après quelques légers débordements du Tibre, arrive à Rome troublée. Le Gouvernement a récemment nommé une commission, dont l'auteur de ce petit écrit fait partie, et qui est chargée de faire un rapport sur la salubrité de l'eau de Marcia et de faire connaître les causes qui peuvent altérer sa pureté. Cependant, en ne tenant pas compte des affirmations exagérées ou intéressées de quelques-uns, on peut jusqu'à présent affirmer que l'eau de Marcia doit à bon droit être regardée comme très-potable et saine; cependant, comparée aux eaux de

bonnes ont leurs sources dans Rome ; ce sont l'Innocenziana, celle du Vatican, de Lancisi, de Grillo, de San-Georgio *al Velabro*, etc. Les eaux de puits dont on a fait usage jusqu'ici, surtout dans les quartiers pauvres ou élevés de Rome, sont en général assez bonnes, comme celles qui proviennent pour la plus grande partie des eaux de Salluste, qui courent en abondance dispersées dans le sous-sol de la ville. Il arrive quelquefois que les eaux de puits sont corrompues par des infiltrations d'égouts, de fosses d'aisance, qui les rendent nuisibles à la santé, parce qu'elles produisent alors des désordres intestinaux et quelquefois même des fièvres typhoïdes. Mais nous ne devons pas nous préoccuper de cela, parce que l'abondance et la salubrité de nos eaux sont telles que nous n'avons rien à envier aux autres pays d'Italie ou d'outre-monts.

Trévi, celles de Marcia contiennent quelque peu de carbonate calcaire. Par suite du faible excès de ces sels, je veux bien admettre qu'elle convient moins aux vieillards, aux goutteux, aux personnes atteintes de rhumatismes articulaires chroniques, de gravelle ou de calculs, etc., et que l'eau de Trévi leur convient mieux. Mais toutes les autres personnes peuvent sans crainte d'aucune sorte boire l'eau de Marcia, si agréable et si recherchée pour sa fraîcheur.

VII

Excitations excessives de l'esprit et abus sensuels à éviter autant que les excès de fatigue. — Accès de colère, d'emportement. — Passions. — Quand doit-on proscrire les purgatifs violents et les remèdes trop énergiques? — Maladies miasmatiques qui sont la conséquence ou l'accompagnement d'autres maladies. — Du tabac. — Des prophylactiques et des préservatifs les plus ordinaires, ceux qui sont réputés les meilleurs. — Le soufre. — Se couvrir la bouche et le nez avec de la laine. — Le vinaigre. — De grands feux utiles contre les miasmes. — Avertissements. — Comment le feu, surtout celui du charbon fossile, est un préservatif. — Établissement dans Rome du gaz pour l'éclairage. — Causes de la salubrité de Londres. — Substances bitumineuses antimiasmatiques. — Émanations de l'acide phénique. — Préjugés et superstitions du peuple en fait de préservatifs.

Il ne suffit pas de s'abstenir seulement de quelques excès de nourriture; on doit éviter avec soin les excès de tout genre non moins que les excitations extraordinaires de l'esprit, qui peuvent troubler, par ce qu'ils auraient d'excessifs, les fonctions de notre organisme. Mais surtout dans les climats paludéens quiconque tient à sa santé ne doit pas être trop facile aux plaisirs sensuels. Si une continence modérée est utile à toute personne et partout, elle est tout à fait nécessaire à celui qui habite des localités malsaines. Un organisme affaibli par des excès de cette nature est plus exposé aux mauvais effets de l'air vicié, et ils se manifestent chez lui avec des symptômes plus graves, parce que le miasme agit surtout sur le système nerveux. J'ai connu une personne qui depuis longtemps souffrait des fièvres, et qui était infailliblement saisie d'un nouvel et grave accès, toutes les fois qu'elle lâchait le frein à l'instinct du plaisir, et ce n'est pas le seul fait que j'ai pu constater. Les abus des forces nerveuses, quels qu'ils soient, doivent donc être absolument évités et s'escompteraient à très-grand prix.

Il est encore bien de s'abstenir des fatigues excessivement prolongées et immodérées comme étant celles qui, en diminuant les forces, ne nuisent pas peu à la santé, surtout chez ceux qui n'y sont pas habitués. Au contraire, un travail modéré, un exercice musculaire bien entendu, une gymnastique réglée, raffermissent et préservent l'organisme en ravivant les fonctions, principalement les fonctions assimilatives : par conséquent, ceux-là agissent mal à Rome qui passent leurs journées dans l'oisiveté pendant la grande chaleur de l'été, en alléguant pour excuses la douceur du *far-niente* et que la chaleur de la saison ne leur permet pas de supporter un travail quelconque physique ou intellectuel. Plus l'oisiveté se prolonge, plus on éprouve fortement les incommodités de la chaleur. Nos artisans en ville travaillent plus volontiers et plus agréablement pendant l'été que pendant l'hiver. Dans la campagne, cependant, on doit procéder avec plus de précaution ;

ainsi il ne faut pas faire travailler les ouvriers plusieurs heures de suite sans leur donner quelque repos, surtout quand les fatigues qu'ils ont à supporter exigent une grande dépense de force. Si, après un travail fatigant, le corps est en transpiration, il faut se couvrir et se reposer dans un lieu abrité, pas très-frais, ni exposé à des courants d'air.

Les excès de colère, les emportements et les agitations de l'esprit sont pernicieux. Il convient donc, dans les régions de *mal'aria,* de passer, autant qu'on le peut, le temps doucement, de mener une vie tranquille, méthodique, en prenant surtout l'habitude d'un grand calme, parce que les exemples ne manquent pas d'accès pernicieux, subits et graves, venus après des mouvements impétueux de colère. Quant aux mouvements passionnés de l'âme et au grand abattement de l'esprit, je dirai qu'ils contribuent beaucoup à l'affaiblissement de l'organisme et à le rendre plus accessible à la funeste action du miasme paludéen. Les médecins observateurs reconnaîtront et conviendront tous que, parmi les maladies, le choléra, le cancer, la fièvre typhoïde attaquent de préférence ceux qui ont éprouvé de grandes émotions ou de grands chagrins. C'est de là que le vulgaire fait dériver, et pas toujours sans raison, les maladies que nous frappent subitement. J'ai eu plusieurs occasions d'observer ces faits sur des individus, et tout récemment j'en ai fait l'expérience sur moi-même, de sorte qu'il ne m'est pas permis de douter de l'influence nuisible des graves troubles de l'âme pour produire des maladies d'un caractère très-différent.

Il est superflu de dire combien les longues privations de sommeil, les souffrances de la faim, de la soif, sont également nuisibles. Un estomac vide absorbe une grande quantité de miasmes qui, à leur tour, agissent puissamment sur un corps épuisé par de graves souffrances.

Au nombre des choses à éviter dans les mois de grandes chaleurs, signalons les saignées, les applications de sangsues, et toute espèce de diminution du sang faite sans prescription du médecin. Il en est de même des purgations trop énergiques. Très-mauvaise aussi et à rejeter est la coutume de quelques campagnards de se faire saigner avant de partir pour des localités malsaines. Ils sont cependant nombreux, ceux qui, sans hésiter un instant, courent se faire saigner dès qu'ils éprouvent la moindre pesanteur, mal de tête, vertiges ou toute autre incommodité de ce genre. Il n'y a pas de traitement qui ait des conséquences aussi terribles que celui-ci, surtout dans les localités de *mal'aria*. Le sang est la vie même, et malheur à celui qui le dépense inconsidérément! Tous les expédients curatifs, en affaiblissant le corps et troublant momentanément la marche régulière de ses fonctions, le rendent moins apte à résister aux influences nuisibles en général, et spécialement à celles qui ont un caractère contagieux, comme le miasme paludéen. Nous avons déjà fait observer qu'il est bien difficile et même tout à fait impossible que tous ceux qui vivent dans des régions malsaines n'absorbent pas une certaine quantité de miasme qui, parce qu'elle n'est pas assez considérable, ou pour toute autre raison, ne provoque pas toujours la fièvre dans un corps robuste et sain. Mais pour peu que la résistance de l'organisme, ou plutôt la puissance physiologique du nerf sympathique, soit diminuée, nous voyons presque immédiatement se produire les effets pernicieux du miasme des marais. Par cette même raison, toute indisposition ou maladie fébrile qui atteint une personne dans une localité de *mal'aria* peut se changer en affection miasmatique. Par exemple, après l'apparition d'une fièvre de quelque autre caractère, souvent s'y mêle ou se déclare à la suite une fièvre intermittente ou rémittente, circonstance qui n'est pas rare même dans Rome. Ainsi encore, après une blessure ou une grave opération chirurgicale, le malade peut avoir ces mêmes fièvres, ce qui n'est pas difficile à observer, en été, chez les femmes pendant la grossesse ou chez les apoplectiques. Il résulte de ce qui précède que tous ceux qui habitent des pays assez malsains, doivent non-seulement veiller à ne pas prendre les fièvres périodiques, mais encore éviter autant que possible toute autre maladie, qui ne tarderait pas à se compliquer de fièvre intermittente. C'est une utile précaution pour les femmes grosses de ne pas venir faire leurs couches pendant les saisons chaudes dans les pays de *mal'aria.* En un mot, à toute forte émotion de l'âme, à toute maladie quelconque, à tout trouble dans l'exercice régulier des fonctions de notre organisme, peut se joindre la fièvre paludéenne, et même assez souvent la fièvre pernicieuse. Il est facile d'éviter tous ces dangers à Rome, en prenant quelques précautions. Néanmoins, de temps en temps, quelques-unes de ces complications par infection miasmatique se produisent; ordinairement elles restent légères et, sauf quelques exceptions peu nombreuses, elles ne deviennent jamais graves que par une cure tardive ou maladroite.

L'usage du tabac à fumer, pourvu qu'il soit limité et proportionné aux différents degrés d'habitude de chacun, peut être inoffensif, et dans certaines circonstances même avantageux, par exemple, le soir par un temps de brouillard ou dans des journées humides et pluvieuses; dans les localités où l'air est mauvais, et plus particulièrement dans ces conditions atmosphériques, l'usage de fumer est plus agréable et nous nous sentons plus disposés à fumer que dans les lieux où l'air est salubre, ou sur les montagnes. La fumée du tabac contient des substances volatiles et empireumatiques qui ont la propriété de faire périr ou de modifier, comme nous le verrons sous peu, les germes miasmatiques; ceux-ci, traversant la pipe ou le cigare avec l'air aspiré, sont brûlés ou décomposés. En outre, cette fumée, en excitant la circulation, en augmentant le calorique du corps, préserve parfois des affections rhumatismales. Mais si l'usage de fumer du tabac modérément n'est pas nuisible, on ne pourrait dire qu'il ne fût jamais préjudiciable à qui en ferait abus, ou seulement en userait sans en avoir l'habitude ; il produirait alors immédiatement des nausées, des vomissements, des étourdissements, des palpitations de cœur et d'autres troubles.

Après avoir passé en revue les différentes causes qui peuvent susciter dans notre organisme les effets morbides du miasme paludéen, il est à propos de dire quelque chose des *prophylactiques* ou des *préservatifs* dans le sens le plus ordinaire de ces mots, c'est-à-dire de toutes les substances qui, prises par la bouche ou administrées de toute autre manière, sont réputées bonnes pour éloigner du corps l'action morbide du miasme. Quelques-unes de ces substances préservatrices agissent en donnant à l'organisme une plus grande tonicité, et, comme conséquence, une plus grande énergie pour résister aux forces nuisibles en général. A ces catégories appartiennent les vins généreux, les liqueurs et les aliments nutritifs. D'autres aussi, et ce sont les plus nombreuses, ont une action directe sur les principes mêmes miasmatiques paludéens ; parmi les plus communes, les plus vantées, il faut signaler : le vin astringent avec du quina ou quinine, qui a pour succédané le café, le thé, l'infusion ou la décoction de l'absinthe, du houblon, de la centaurée, de l'écorce de marronnier, du saule blanc, de la gentiane, des feuilles d'eucalyptus, de *Caryophyllata*, du bois de cassie, et de beaucoup d'autres plantes amères que nous avons plus facilement sous la main, et qui poussent ordinairement même dans les lieux malsains. Ajoutons que le camphre et l'huile essentielle de térébenthine sont regardés par quelques-uns comme doués des mêmes propriétés. Je ne suis pas aussi convaincu de l'efficacité prophylactique attribuée à la limonade, conseillée par quelques-uns peut-être avec la pensée que le suc du limon peut, en quelque manière, modifier, comme le fait le vinaigre, les eaux suspectes ou peu bonnes. Les meilleurs préservatifs ou fébrifuges à conseiller sont *la salicine et la barberine*, principes actifs contenus dans l'écorce du saule et du *Berberis vulgaris*. Nous avons assez parlé du tabac comme préservatif. Parmi les substances chimiques inorganiques ou minérales, on indique, comme les meilleurs prophylactiques, le soufre administré à petite dose, le sulfate de soude et de magnésie, les préparations de fer, l'arsenic, et d'autres encore.

De tous les préservatifs, plusieurs, comme le café et le thé, le vin au quina, quelques infusions amères, le tabac à fumer, peuvent être employées impunément et avec avantage ; ils sont recommandés même particulièrement pour les journées humides de l'été, particulièrement le soir, quand on est contraint de passer la nuit à ciel ouvert, ou quand on éprouve une diminution d'appétit ou une lenteur de digestion. Ils réussissent même très-bien chez les ouvriers qui travaillent dans les lieux très-infectés. Ce serait même une sage précaution de leur faire prendre chaque jour une ou deux tasses de bon café ou une petite quantité de vin au quina ou avec de la quinine. La vertu efficace préservatrice de la quinine est un fait désormais établi, et le médecin en chef de la marine anglaise a depuis longtemps des ordres précis pour administrer de la quinine ; elle a été conseillée avec avantage par quelques médecins de notre armée pour les soldats qui font un service dans une localité exposée aux émanations paludéennes, comme les fortifications de Mantoue. J'ajouterai que, par ordre du ministre de la guerre, on a distribué comme prophylactique une liqueur avec quinine à tous les soldats qui faisaient partie du corps d'instruction campé sur la hauteur de *Bocca del Papa* ou dans la prairie de Valmonte. Dans quelques parties malsaines de la Chine et du Japon, on dit que les indigènes boivent en grande abondance des infusions de thé pour éviter les effets du mauvais air. Quant aux autres substances préservatrices sus-mentionnées, quoique plusieurs d'entre elles soient inoffensives, on ne doit pas cependant en faire usage avant d'avoir consulté un médecin, qui les prescrira selon qu'il le croira opportun, dans les cas d'indisposition manifeste. Quant à l'efficacité prophylactique du soufre et des sulfates et bisulfates proposés par Folli, je ne pourrais en parler, n'ayant pas eu jusqu'à présent l'occasion de m'en assurer par des expériences répétées. Néanmoins je suis forcé d'avouer que j'ai plus de confiance dans la stricte observance de toutes les règles que j'ai exposées que dans la vertu de quelques substances que j'ai mentionnées, à l'exception du quina, de la quinine et de quelques herbes amères.

On conseille encore, comme mesure préservatrice, ou plutôt comme moyen propre à détruire et à altérer la nature du miasme, d'allumer de grands feux, de faire des exhalaisons ou des fumigations de vinaigre, de soufre, de matières résineuses ou bitumineuses, d'acide hydrochlorique ou nitrique, de chlore, etc. Ces substances, et spécialement la dernière, sont plus ou moins aptes à décomposer les micro-organismes en suspension dans l'air. Plusieurs de ces procédés ont l'inconvénient d'irriter fortement les organes respiratoires, et, ce qui est plus grave, ils peuvent devenir vénéneux ; c'est pourquoi on ne doit les employer que dans quelques cas spéciaux, et en prenant les précautions nécessaires. L'efficacité du soufre brûlé ou de l'acide sulfureux qui est produit par la combustion est confirmée par l'usage ordinaire des habitants de la campagne de brûler des pincées de poudre et de tirer de nombreux coups de fusil afin de purifier l'air, dans des localités très-infectées soit de miasmes paludéens, soit de maladies épidémiques. Nous avons vu aussi que les frictions quotidiennes sur tout le corps, avec de la flanelle ou avec une brosse, étaient utiles ou préservatrices. Cet expédient est très-bon pour conserver la peau en état de propreté, écarter les spores miasmatiques qui y seraient accumulés, et exciter la circulation périphérique. Mentionnons encore que ces frictions faites avec du vinaigre pur ou aromatisé deviennent plus stimulantes, et par conséquent plus efficaces pour nous préserver des miasmes.

Nous avons déjà parlé avec détails de la propriété préservatrice des étoffes de laine mises sur la peau; nous n'avons pas l'intention d'y revenir, mais je commettrais cependant une négligence si j'omettais de faire particulièrement mention d'un moyen prophylactique, à mon avis plus efficace que tous ceux que j'ai déjà indiqués, et qui consiste à tenir la bouche et le nez couverts avec une étoffe légère de laine, lorsqu'on se trouve exposé aux émanations paludéennes. Une preuve entre autres qui confirme l'avantage de cette précaution se trouve, selon ce qu'assure Mayo, dans l'habitude des paysans de quelques provinces d'Espagne de se couvrir la partie inférieure du visage avec une espèce de bande cousue au capuchon. Cet usage paraît exister également chez les indigènes de l'Amérique du Sud. Déjà précédemment nous avons vu avec quelle facilité les germes miasmatiques peuvent s'introduire dans l'organisme par les bronches et les poumons, et nous avons fait remarquer que c'étaient peut-être les voies les plus faciles par lesquelles les principes nuisibles pénétraient dans le corps. Or les tissus à poils et à fibres laineuses, retenant dans leur velu épais les corpuscules miasmatiques, empêchent que ceux-ci s'introduisent par la bouche en même temps que l'air respiré. Nous avons déjà vérifié par des expériences réitérées que les *micrococchi* ou les sporules, qui pour nous constituent le principe miasmatique paludéen, contenus dans une eau marécageuse ou dans la rosée recueillie sur les lieux infectés, peuvent être facilement séparés en faisant filtrer ces liquides à travers une couche de coton en flocons, ou encore mieux au travers d'un papier buvard sur lequel les sporules restent adhérents. Au lieu d'une bande de laine, on obtiendrait un résultat plus favorable encore en se couvrant le nez et la bouche d'un masque fait d'un tissu métallique extrêmement fin et recouvert de coton cardé (ainsi que le conseille Pantaleoni), soutenu à la nuque par un ruban à la façon des *respiratoires* employés par les Anglais qui ont les poumons malades. Cette précaution prophylactique simple et facile devrait être employée pour tous les ouvriers qui sont employés pendant l'été aux travaux d'amélioration des marais et exposés, par conséquent, plus que tous autres à l'influence des miasmes. Disons que ce procédé sera encore plus efficace si de temps en temps on arrose le tissu de coton ou de laine avec un peu de vinaigre ordinaire ou aromatique ou avec une dissolution de bisulfate de quinine, qui, si je ne me trompe, employée de cette manière, modifierait les spores miasmatiques. Cette action énergique modificative des sels de quinine sur les germes paludéens est un fait certain et déjà confirmé par les expériences dont j'ai donné le résultat dans un travail précédent. Par conséquent, si le soir on doit traverser une localité très-infectée de notre Campagne, on ne doit jamais négliger de se couvrir le nez et la bouche avec une bande de flanelle ou un pan du manteau, tant qu'on n'est pas rentré dans son bourg ou revenu à Rome.

Quant à prouver de quelque manière la propriété antimiasmatique, bien que très-légère, du vinaigre, je me suis borné à mentionner une habitude particulière aux habitants des marais, qui au moment de traverser la région infectée tiennent souvent dans la bouche une éponge imbibée de ce liquide; en outre, le vinaigre a toujours été vanté comme très-utile dans presque toutes les épidémies, et notamment dans les pestes ou dans le choléra. On dit que, lors d'une certaine peste à Madrid, les infirmiers durent la conservation de leur santé à l'habitude de boire chaque jour un petit verre de vinaigre aromatisé. Les anciens Romains, lorsqu'ils traversaient les lieux de *mal'aria*, buvaient de *l'ossicrato*, c'est-à-dire de l'eau avec du vinaigre.

Au nombre des expédients employés pour se préserver de l'infection paludéenne, j'ai mentionné aussi le feu, et parce que je le regarde comme très-efficace, je ne puis m'abstenir d'entrer dans quelques détails. Une longue expérience a fait reconnaître comme une mesure souvent utile d'allumer de grands feux flambants, afin de diminuer en partie la violence des maladies épidémiques, quelles qu'elles fussent, typhus, peste, choléra, qui ont de temps en temps assailli les grands centres de population. Parmi les écrivains de l'antiquité, Hippocrate, Empédocle, Pline, ont vanté la vertu du feu pour éloigner les maladies épidémiques et pestilentielles.

Notre Lancisi avait déjà remarqué que les ouvriers des fours employés à cuire les briques dans les localités malsaines, hors la porte Cavallegieri, se trouvaient exemptés des fièvres intermittentes; et presque tous les hommes de science qui ont parlé de la *mal'aria* nous racontent plusieurs exemples de paysans ayant vécu de longues années dans les marais, exempts des fièvres, parce que, entre autres précautions, ils avaient la bonne habitude d'allumer chaque soir un bon feu. Rigaud de Lisle ne cite aucun exemple de ces faits.

Napoléon, usant de cet expédient, réussit à préserver, en grande partie, des fièvres son armée campée dans la plaine insalubre de Mantoue. Enfin les ouvriers employés aux travaux d'amélioration dans les plaines de Tunis purent éviter, au rapport de Ramel, des dangers graves en allumant des feux à mesure que les travaux avançaient. Dans les Indes, pendant les journées humides et pluvieuses, les soldats anglais ont coutume de brûler du bois entre les baraques où ils sont logés. Qu'on allume donc, surtout le soir, des feux vifs de bois de préférence résineux;

qu'on fasse brûler des bois odoriférants, comme le conseillait Lancisi, dans les cheminées, les cuisines et les autres lieux convenables, à l'intérieur des habitations particulièrement humides, dans les cabanes, et dans toutes les maisons qui, par le voisinage des marais ou par quelque autre cause que ce soit, sont le plus exposées aux émanations nuisibles. Je crois inutile d'avertir, parce que c'est une chose très-connue, de ne pas allumer de feu de charbon dans les chambres où l'on dort, où l'on reste longtemps, parce qu'il s'y produit, dans ce cas, une grande quantité d'acide carbonique ou d'*oxyde de carbone*, gaz qui ne sont pas propres à la respiration ; le second même est tellement délétère qu'il entraînerait des conséquences fort graves et facilement mortelles. Il convient, en outre, de modérer le feu de manière à ne pas trop échauffer la température ambiante ; nous avons déjà vu que le feu est assurément le meilleur et peut-être le plus sûr moyen préservatif pour quiconque devra passer la nuit au dehors et dans un lieu humide.

Il n'est pas difficile de donner les raisons de cette efficacité du feu. Il enlève l'humidité de l'atmosphère, qu'il rend plus sèche par un large rayonnement à l'entour ; il en conserve la température chaude et constante, en sorte que le corps protégé contre l'humidité et la fraîcheur maintient dans leur intégrité et leur énergie toutes les fonctions éliminatrices de la peau. Je n'ai pas besoin de répéter combien dans les lieux malsains les impressions de fraîcheur et d'humidité sont dangereuses; nous avons déjà vu qu'elles constituent la cause occasionnelle et déterminante la plus active de la fièvre; or la flamme l'éloigne et en diminue les effets sur nous. Mais la principale action du feu est de brûler une grande partie des germes miasmatiques en suspension dans l'atmosphère, ou au moins de les dessécher et de les altérer profondément jusqu'à les rendre inoffensifs. En effet, c'est une chose aujourd'hui démontrée que plusieurs germes de ferment, et beaucoup de cellules végétales reproductives exposées à un degré de chaleur supérieur à 80° centigrades, sont totalement modifiés, au point de perdre toute aptitude à la fermentation et à la végétation. (PASTEUR.) En outre, le feu, en raréfiant l'air à l'entour et le repoussant avec force en haut, oblige une nouvelle quantité d'air environnant à venir prendre sa place, de sorte qu'il se forme un courant ascensionnel continu, qui non-seulement détermine une grande partie de l'air d'une localité à traverser la flamme, à en ressentir la chaleur, mais encore repousse l'air vicié et lui substitue un air pur. Le feu de bois, outre la chaleur, produit une fumée chargée de substances volatiles empireumatiques, et qui, avons-nous déjà dit, ont la propriété de modifier et de détruire les miasmes.

La combustion des bois résineux et odorants, comme le pin, le genièvre, est encore plus efficace. La combustion du charbon fossile notamment peut à bon droit être regardée comme le plus puissant moyen pour éloigner la *mal'aria*, qualité qui, outre le calorique considérable produit, est due à beaucoup de produits odorants et bitumineux, entre autres à la benzine, à la créosote, à l'acide phénique et à l'acide sulfureux qui se forment en grande quantité par sa combustion et se répandent dans l'atmosphère. Ces substances, tuant presque toutes les espèces de parasites végéto-animales, ont une action très-énergique antimiasmatique, antifermentative et antiputride. En effet, nous avons vu que les fermentations et les putréfactions dérivent immédiatement de ces petits êtres parasites, ou au moins que leur vie et leur multiplication se lient aux progrès indiqués de fermentationet de putréfaction, tellement qu'ils ne peuvent jamais avoir lieu sans la présence de certains de ces parasites.

Puisque j'ai parlé de la remarquable efficacité des émanations des substances bitumineuses provenant de la combustion du charbon fossile comme propres à préserver du miasme paludéen, il importe d'en dire quelques mots encore. Avant tout, je fais observer qu'à Rome, après la construction de l'usine à gaz au bas du Palatin, dans le milieu des ruines du cirque Massimo, cette localité, précédemment si malsaine, s'est modifiée au delà de toute idée, à ce point que les cas de fièvre périodique se présentent à présent très-rarement parmi les ouvriers de ce gazomètre. De même, dans le comté de Cornouailles, les cas de fièvres paludéennes disparurent presque en totalité quand on y eut établi des fonderies de métaux, notamment une grandiose fonderie de cuivre, où de vastes fourneaux sont continuellement tenus en fusion. Je note aussi que la salubrité de la ville de Londres, supérieure, malgré l'agglomération de la population, à celle de beaucoup d'autres capitales de l'Europe moins vastes, doit être en grande partie attribuée à l'usage extraordinaire du charbon fossile, qu'on y emploie pour les travaux de l'industrie et pour les besoins domestiques, à ce point que l'atmosphère est toujours imprégnée de vapeur odorante et d'une fumée spéciale bien connue sous le nom de *fumée de Londres.*

C'est encore à cette propriété antimiasmatique des substances produites par la distillation du charbon fossile que je crois devoir attribuer ce fait, que les grands mouvements de terres exécutés depuis quelques années dans plusieurs quartiers de Rome, pour la construction des trottoirs et des égouts, n'ont pas produit une augmentation sensible de fièvres périodiques dans les rues, comme on pouvait le craindre. En effet, le sous-sol des rues de Rome s'est peu à peu pénétré et imprégné d'une forte quantité de ces principes diffusibles du gaz qui se perdent par les conduits, et qui, tuant les germes du miasme contenus dans la terre, empêchent la fermentation quand elle est remuée et mise en contact avec l'air. G.-B. Frank rapporte qu'une épidémie déclarée au cap Corse fut arrêtée en allumant chaque soir du goudron. Il est hors de doute que c'est par suite de la présence des matières bitumineuses, identiques au charbon fossile, que quelques marais spéciaux de l'Irlande et de l'Écosse, formés sur des tourbières, ne donnent pendant l'été aucune trace de miasme paludéen, à ce point que les ouvriers employés à les fouiller ont tous été à l'abri des fièvres. Par les mêmes raisons, les étangs et les lacs de Judée, où abondent le naphte et l'asphalte, alors qu'ils empêchent toute végétation à l'entour, ne produisent aucune *mal'aria*.

Il résulte de ces observations que toutes les substances bitumineuses, comme le goudron, principalement celui produit par la distillation du charbon fossile, *coaltar*, peuvent être regardées comme bonnes et efficaces pour la destruction du miasme paludéen, surtout lorsque leurs émanations odorantes sont répandues dans l'air par la chaleur. Les vapeurs du pétrole et de la térébenthine ont encore en partie cette vertu. Ces substances, et spécialement celles contenant du goudron, sont en usage depuis longtemps pour détruire les miasmes du typhus et du choléra, mais, ne produisant qu'une action circonscrite, elles seraient mal à propos employées pour purifier des habitations rurales plus menacées par la *mal'aria*. Pour atteindre ce but, on pourra employer de préférence au goudron et aux autres substances ci-dessus indiquées l'acide phénique, placé dans des vases de verre ou de terre cuite tenus toujours ouverts et situés dans différentes parties de l'habitation; de ces vases ainsi disposés s'élèveront à la température ordinaire des émanations odorantes, qu'on rend facilement supportables à l'odorat et qui ne causeront aucune fatigue, et surtout aucun dommage aux organes de la respiration pendant le sommeil. Dans les nouvelles habitations à construire, soit en maçonnerie, soit en bois, pour loger les ouvriers et les paysans dans les contrées plus exposées aux miasmes, on ne devrait pas négliger ce moyen facile de produire un air imprégné d'exhalaisons qui sont supportables quand elles ne sont pas trop intenses, et qui sont certainement antimiasmatiques, désinfectantes, en même temps que peu coûteuses, avantages très-appréciables et que présentent, ainsi que nous l'avons dit, les produits chimiques tirés du goudron et particulièrement de l'acide phénique. J'espère que l'expérience viendra confirmer l'opinion que je soutiens sur l'efficacité de ces substances contre la *mal'aria.*

Je dois maintenant faire connaître quelques habitudes superstitieuses qui sont, auprès des crédules campagnards, en possession de préserver de la fièvre, afin que ceux-ci les abandonnent et s'en remettent aux règles indiquées par la science. Quelques-uns croient ingénument que les fièvres intermittentes et les autres fièvres peuvent être éloignées par le port seul, soit dans une poche, soit sur la peau, de quelque objet, comme des amulettes, des feuilles de différentes plantes, des toiles d'araignée, des pierres précieuses, des fragments de métaux, poudre, ou toute autre chose, « inventions et fables de femmes et de charlatans pour duper le peuple, qui aime à être trompé ». (REDI, *Lettres*, tome IV.) Les préjugés, en attendant, alimentent l'ignorance des hommes du peuple et leur causent indirectement de graves préjudices. En effet, confiants dans ces bizarreries, ils négligent de pratiquer tout ce qui pourrait être réellement salutaire; je devrais en dire autant de l'usage de porter suspendue au cou une éponge imprégnée de quelque essence odorante, usage suggéré par Mantegazza. Si quelquefois des parfums peuvent avoir une influence heureuse sur certains principes infects, employés de cette façon, ils n'en ont aucune ou n'en possèdent qu'une bien faible pour protéger contre l'influence des miasmes dont nous parlons.

VIII

Détestables conditions des villages dans la campagne de Rome. — Précautions prises par les Romains de l'antiquité pour la construction des habitations rurales dans les localités malsaines. — Du choix des matériaux. — Habitations pour les pauvres. — Maisons dans l'intérieur de Rome ; quelles sont celles à préférer. — Comment diminuer l'humidité du sous-sol, et des débordements du Tibre. — Réunion de plusieurs habitations. — La *mal'aria* diminue en raison directe de la plus grande population. — Comment cela arrive. — Pavage des rues. — Avantages des pavés de pierre. — Nouvelles voies ouvertes dans Rome. — Du choix de l'emplacement pour construire des habitations. — Salubrité des plages de la mer, des montagnes et des lieux élevés. — De l'entourage des habitations rurales avec des arbres. — Habitations rurales en fer, proposées par des Américains.

Parlons maintenant des fermes et habitations à construire dans les régions paludéennes ou dans toute localité, quelle qu'elle soit, infectée de *mal'aria*, question de très-grande importance pour l'hygiène de notre campagne.

On voit sur le territoire romain de petites et étroites demeures, tout à fait insuffisantes pour recevoir les nombreux campagnards qui, à certaines époques de l'année, et particulièrement au temps des moissons, viennent pour les travaux des champs. Une lourde responsabilité pèse sur les riches propriétaires de ces domaines immenses : ils ne surent ou ne voulurent pas pourvoir au logement même le plus humble de ces malheureux ouvriers qui, à la sueur de leur front et très souvent au prix de leur vie compromise d'une manière certaine par la *mal'aria*, augmentaient les richesses de leurs patrons. Pourvu que le luxe et l'orgueil de ces seigneurs fussent augmentés, on ne se préoccupait guère, jusqu'à présent, ni des souffrances ni du sacrifice de tant d'hommes abandonnés sans refuge au milieu des misères et des émanations empestées qui corrompaient l'air de cette grande lande. C'est pourquoi nous pouvons répéter avec Ricardo : « Opulence progressive des hommes de loisir, misère progressive des hommes de travail ; » à quoi j'ajouterai encore : mortalité progressive de ces derniers. Là on ne trouve que quelques rares masures de l'aspect le plus misérable : elles manquent de portes, de fenêtres, et des choses les plus nécessaires et les plus indispensables ; elles sont humides, obscures, enfumées et sales, de telle sorte qu'elles ont plutôt l'aspect d'écuries que d'habitations pour des hommes. Plusieurs fois des fièvres périodiques obstinées furent arrêtées par le seul changement d'habitation. Il faut donc que les propriétaires de ces terres immenses s'émeuvent une bonne fois et emploient une partie de leurs larges revenus à construire promptement des abris spacieux, appropriés et conformes aux règles que prescrit l'hygiène.

Il y aurait beaucoup à dire au sujet des habitations rurales, et pour démontrer quelle importance considérable elles ont sur la santé, principalement dans les régions de *mal'aria;* mais la brièveté que je me suis imposée ne me permet pas d'entrer dans de longs détails. Je ne parlerai donc que des choses réputées les plus nécessaires à la vie.

En parcourant les restes rares des anciennes habitations sur le territoire des Marais Pontins, on remarque quel soin et quelle intelligence les anciens ont mis ici dans la contruction de leurs habitations. En effet, comme règles spéciales de construction, ainsi que le fait observer l'ingénieur Tocco[1], on en trouve trois qui ne furent jamais méconnues : les planchers élevés, les fenêtres situées dans le haut, et même au-dessus de la hauteur d'un homme, les murs recouverts d'une espèce de revêtement formé par une série de tubes carrés ou de petites tuiles appelées par Vitruve *tegulæ humatæ*. L'éminent Piacentini fait aussi remarquer que les planchers étaient doubles, ayant entre eux un intervalle d'environ 50 centimètres, dans lequel l'air pouvait circuler librement. Il résultait de ces précautions que l'intérieur de ces habitations, séparé de l'humidité du sol, se maintenait très-sec, et que les courants d'air qui entraient par les fenêtres ouvertes dans le haut ne frappaient pas directement les habitants. Columelle aussi nous a donné au sujet de ces travaux de très-utiles renseignements sur le choix de l'emplacement, sur le mode de bâtir

1. *Csservatore romano*, 20 février 1869.

les maisons rurales dans la Campagne de Rome. Ce serait une chose utile, excellente, que de tirer de l'oubli les règles suivies par les anciens, et de s'enrichir de leurs enseignements pour la construction des habitations sur notre territoire, sans négliger d'y ajouter tous les perfectionnements, toutes les inventions modernes qui sont reconnues utiles à l'hygiène publique, et conformes aux besoins de la vie et aux usages de notre temps. De telles habitations répondraient à leur but, si elles pouvaient, d'ailleurs, être construites avec économie. Pourtant, quelle que soit la forme et la construction adoptée pour une habitation, je regarde comme nécessaire pour atteindre le but proposé de se conformer à toutes les indications que je vais exposer.

Les habitations doivent avoir des cheminées et des foyers avec des tuyaux disposés de manière qu'on puisse y allumer fréquemment du feu sans inconvénient; les fenêtres, outre qu'elles doivent être placées dans le haut des chambres, ne doivent pas être nombreuses ni les unes en face des autres; elles doivent être préférablement ouvertes du côté opposé à celui des marais et au nord, afin que les vents imprégnés de miasmes n'y entrent pas librement ; qu'elles soient pourvues de châssis vitrés avec des persiennes. Varron rapporte (*De re rustica*, lib. I), qu'il a défendu et délivré une grande partie de l'île de Corcyre d'une contagion, en faisant fermer les fenêtres au midi et en les faisant ouvrir du côté du nord. Les issues devront avoir de bonnes portes pour empêcher les ventilations excessives ; les murs seront épais, pour mieux défendre l'intérieur des habitations aussi bien des chaleurs de l'été que des froids de l'hiver; les lieux d'aisance seront bien construits, aérés et à l'écart, pour ne pas transmettre de mauvaise odeur, ni donner d'humidité aux murs et aux autres chambres. Les toitures des habitations champêtres seront couvertes de bonnes tuiles ou briques, comme elles sont d'usage à Rome; elles réussiront parfaitement à tenir l'intérieur à l'abri des pluies, pourvu que les toits soient bien construits et aient une pente suffisante. Afin de mieux protéger le rez-de-chaussée au-dessous contre la chaleur de l'été ou les rigueurs de l'hiver, il est nécessaire qu'il y ait entre les chambres et le toit un plafond formé de lattes et de planches couvertes d'un crépi épais ou d'une couche de chaux, et un carrelage par-dessus. Sans cette précaution, la température à l'intérieur des chambres de l'étage supérieur serait dans l'été trop chaude et insupportable, dans l'hiver excessivement froide.

Chaque habitation doit être pourvue d'un petit espace ou d'une petite chambre pour magasin, tant il est nécessaire à la campagne de conserver les provisions et les denrées alimentaires. Cette pièce devra être placée dans un lieu frais, suffisamment aéré, et, s'il est possible, non contigu à la chambre à coucher. Ces cantines contribueront beaucoup à la commodité et à la salubrité de l'habitation. C'est encore une bonne règle de construction que la maison dans toute son étendue et sa superficie ait des emplacements souterrains recevant l'air par des fenêtres ou par de larges baies qui s'ouvrent en haut et un peu au-dessus du sol; ils contribueront à rendre le rez-de-chaussée plus sec. Les cours devront être assez spacieuses, dallées en pierre ou en asphalte, et ne jamais être encombrées d'ordures.

Le choix des matériaux à employer dans les constructions n'est pas tout à fait indifférent. Sur le territoire romain, le tuf volcanique abonde, et, dans quelques parties, le travertin, le pépérin, le silex. Cette espèce de tuf, étant très-poreuse et friable, absorbe l'humidité, et l'on doit la rejeter dans la construction des rez-de-chaussée. Les autres variétés compactes et pesantes, comme le tuf litoïde de Monteverde, sont plus convenables pour les constructions des demeures qui se trouvent sur des terrains humides. Pour garantir encore mieux de l'humidité les murs du rez-de-chaussée, il convient qu'ils soient faits de briques bien cuites ou au moins de pierres non absorbantes, comme le travertin ou le silex. Les murs de tuf, salpêtrés promptement, se couvrent de larges taches d'humidité qu'ils conservent même pendant l'été, et émettent un certain goût de moisissure qui n'est rien moins que salubre pour les habitants.

Chaque maison, ou du moins chaque bourgade,

devra être pourvue de bonne eau potable, et, s'il est possible, d'eau de source ou de puits, mais pure et non souillée, ainsi que nous l'avons dit en parlant des conditions de l'eau.

On ne négligera rien pour conserver les habitations bien propres et point humides à l'intérieur. On balaiera souvent, et l'on ne jettera d'eau sur le plancher que ce qui sera nécessaire pour le nettoyer. Tous les deux ou trois ans, les murs intérieurs de l'habitation devront être de nouveau blanchis à la chaux ; on couvrira et détruira ainsi les miasmes qui peuvent y être adhérents et accumulés. La propreté est d'autant plus nécessaire que le pays est plus insalubre. Nous devons imiter dans notre propreté les Hollandais, qui la poussent si loin qu'elle paraît à quelques personnes être devenue une manie. Cependant cette précaution est telle, que ce peuple a réussi à vivre dans des conditions hygiéniques assez bonnes, au milieu d'une contrée basse, très-humide, traversée de tous côtés par des canaux, et couverte presque toujours de brouillards épais.

On devra pendant le jour laisser les fenêtres ouvertes, pour renouveler l'air dans les chambres, et les fermer de bonne heure dans l'après-midi, pour ne les rouvrir que le matin suivant, après le lever du soleil.

Le sol sur lequel on élèvera les habitations devra être bien sec, et pour le conserver tel il est nécessaire qu'une certaine largeur, à l'entour, soit pavée de pierres ou de cailloux, comme les rues de Rome, afin que les eaux aient un écoulement plus facile. Nous ferons observer bientôt que le sol des rues ou des places non pavé, mais fait de gravier ou de terre battue, devient malsain dans les villages de notre Campagne, surtout après les premières pluies d'été ou d'automne. On devra de préférence habiter seulement les étages supérieurs de la maison, parce que les germes miasmatiqnes se réunissent en plus grande quantité dans les couches les plus basses de l'air; et parce que le rez-de-chaussée se maintient toujours plus ou moins humide, il sera mieux de le destiner à des magasins, des remises, des cuisines, etc. Toutes les habitations humides et peu éclairées, où le soleil n'entre pas, sont, même dans les pays salubres, très-pernicieuses à ceux qui y demeurent, et sont cause de beaucoup de graves maladies, comme l'appauvrissement du sang, les scrofules, le rachitisme et toutes sortes de douleurs et de souffrances rhumatismales; mais dans les pays marécageux, outre ces maladies, l'humidité des habitations engendre des fièvres graves et intermittentes, ou pour le moins prédispose l'organisme à les contracter facilement. A Rome aussi, on a remarqué qu'au rez-de-chaussée de quelques casernes on comptait plus de malades qu'aux étages supérieurs.

Les écuries et les dépôts de fumier devront être établis sur une partie séparée et un peu écartée de la maison. Les émanations des étables, pourvu qu'elles soient récentes, ne sont pas aussi préjudiciables. Toutefois, quand les dépôts sont abondants et anciens, leur putréfaction devient nuisible, surtout en été.

Si l'avarice des propriétaires, ou le manque de ressources des fermiers, ne permettait pas de construire des maisons ayant plus d'un rez-de-chaussée, il conviendrait de les remplacer par d'autres habitions moins coûteuses, suivant en cela l'exemple des montagnards suisses, qui établissent leurs chalets sur deux longs murs parallèles élevés de 1 où 2 mètres, ou sur des colonnes de bois, comme cela se voit dans le pays de Vaud, afin qu'ils soient placés au-dessus du sol et se maintiennent secs et salubres. C'est un procédé auquel on devrait recourir dans notre Campagne, autant pour les humbles habitations construites en pierre et en bois que pour les cabanes. L'usage de quelques paysans des marais prouve combien il est plus sain de dormir étant élevé que sur la terre ; ceux-ci en effet, lorsqu'ils sont quelquefois obligés de passer la nuit à la belle étoile, se font une espèce de lit, supporté sur quatre pieux assez hauts. En agissant de cette manière, ils diminuent les chances d'être pris par les fièvres, et se défendent ainsi en partie contre les cousins et les autres insectes. Puisque j'ai parlé d'habitations en bois, j'ajouterai que celles-ci, construites conformément aux prescriptions de la science, sont non-seulement salubres, mais faciles à établir, habitables aussitôt après leur construction, et très-commodes pour loger, provisoirement, tous les ouvriers employés aux travaux éloignés de toute habitation [1].

A l'égard des maisons de Rome, il n'y a rien à signaler, leur construction par rapport à l'hygiène ne demandant aucune condition spéciale et différente de celles en usage et communes aux autres villes. A dire vrai, cependant, les maisons dans certaines rues étroites, étant trop élevées, arrêtent la lumière et l'air dans les étages inférieurs, inconvénient sérieux qu'on s'est attaché à faire disparaître en partie au moyen d'une loi d'édilité qui défend d'élever outre mesure les habitations nouvelles. Selon Strabon, Auguste défendit que les maisons eussent plus de 70 pieds de hauteur. Émile Porcina fut accusé par Lucius Cassius d'avoir construit une maison excessivement haute, et en fut puni. Je rappellerai encore que dans Rome, contrairement aux autres grandes

1. J'ai imaginé quelques types de ces maisons en bois, économiques et salubres, pouvant être établies dans toutes les localités paludéennes ou très-infectées de *malaria*. Ces habitations, munies de fenêtres vitrées fixes pour ne pas être ouvertes, reçoivent l'air par de larges ouvertures placées dans le haut, et qui se fermeraient hermétiquement en temps convenable. J'ai imaginé en outre des ventilateurs pour le cas où l'air intérieur serait trop vicié et échauffé, et qui pourraient être ouverts pendant la nuit, étant conçus de manière à ne laisser passer que l'air pur, filtré et sevré de miasmes. Ces espèces de maisons pourraient être de toute grandeur et loger un nombre considérable d'ouvriers employés loin de toute demeure; elles pourraient en outre être démontées et facilement transportées où l'on voudrait.

villes, on doit préférer habiter dans les quartiers du centre, très-peuplés et qui, ainsi que nous le dirons, sont beaucoup plus à l'abri de la *mal'arïà*. Au contraire, les maisons contiguës aux jardins, potagers, vignes, villas, ou rapprochées des portes et des murs de Rome, surtout du côté du sud, se trouvant plus exposées aux miasmes de la Campagne, sont moins saines que les autres et quelquefois très-dangereuses; on doit donc les éviter. Mais, à dire vrai, l'augmentation rapide de la population oblige beauconp de familles à habiter dans les quartiers éloignés. Si elles veulent se mettre à l'abri des fièvres, elles ne devront négliger aucune des précautions recommandées, et par-dessus tout ne pas exposer les habitations à une trop forte ventilation; celle-ci doit être modérée en ouvrant et fermant les fenêtres selon le souffle du vent, l'état hygrométrique de l'atmosphère et les différentes heures de la journée. Le soir, particulièrement avant le coucher du soleil, elles devront être toujours fermées.

Les dangers pour la santé provenant de l'habitation trop prompte dans des maisons nouvellement construites et insuffisamment séchées sont connus de tout le monde; il est inutile de les rappeler. Un règlement de police municipale y pourvoit en ne permettant pas de coucher dans de nouvelles constructions avant qu'un examen hygrométrique ait garanti leur état de sécheresse. L'habitation dans des maisons qui ne sont pas encore sèches, outre qu'elle dispose à toutes sortes de douleurs rhumatismales, peut dans Rome susciter des fièvres périodiques, comme celà est arrivé plusieurs fois. De pareils inconvénients, cependant, ne se présentent pas à Rome en grand nombre, attendu que l'emploi de la pouzzolane dans la construction des murs leur procure promptement la siccité nécessaire.

Les maisons placées à Rome dans des endroits élevés, comme le Quirinal, la place Barberini, la rue des Quatre-Fontaines, sont beaucoup plus ventilées et moins exposées à l'humidité. Cependant la forte pente pour y arriver fatiguant un peu il est bon en été de ne pas s'arrêter dans le chemin.

Les maisons le long du Tibre sont exposées à l'humidité et même aux fréquents débordements de ce fleuve : c'est cependant une opinion commune qu'elles sont moins exposées aux fièvres que les maisons de l'autre côté de la rue ; ceci pourtant aurait besoin d'être vérifié. Les rez-de-chaussée, le long de ces quartiers, étant très-humides, ne devront pas être habités; en général, tous les rez-de-chaussée restent humides à Rome, où des courants d'eau abondants existent à moins de 4 mètres au-dessous du niveau des rues. Par conséquent, pour éviter l'humidité des murs, les étages inférieurs devront être construits, comme nous l'avons conseillé pour les habitations rurales, avec des briques bien cuites, à l'exclusion du tuf poreux, prompt à absorber l'eau, à se couvrir de moisissures ou de salpêtre. A l'égard des inondations, il convient de faire une autre remarque : les caves, particulièrement celles des maisons placées dans les quartiers bas, devront, pour avoir le moins d'humidité possible, et outre toutes les règles de construction déjà indiquées, avoir le sol recouvert par un pavage en pierres ou en briques, ou préférablement encore en asphalte; les murs et les voûtes devront être crépis avec de bonne chaux ou du ciment hydraulique. On ne doit pas négliger de les vider et de les nettoyer au plus vite après les débordements du Tibre, qui laissent chaque fois un abondant dépôt d'argile très-fine qui se conserve longtemps molle et humide. Ces inconvénients produits par les alluvions des fleuves en général, et plus particulièrement par le Tibre, sont déjà connus. Lancisi nous a laissé quelques intéressantes monographies médicales sur les graves épidémies de fièvres malignes et périodiques causées par la corruption des eaux stagnantes, laissées sans écoulement dans les caves. Il est vrai qu'aujourd'hui de semblables acccidents ne se produisent pas souvent, du moins dans la ville ; néanmoins, encore à présent, nous devons faire observer qu'après une forte inondation du Tibre l'été qui suit est plus fécond en fièvres miasmatiques, fait dont il n'est pas difficile de se rendre compte, si nous considérons que le sol de Rome et d'une grande partie de la Campagne restant pénétré par l'eau rend l'atmosphère plus humide, et plus intense, en été, cette fermentation terreuse dont nous avons déjà parlé ici. Cet état de choses, qui augmente les chances de fièvres, pourra être en partie prévenu si on prend soin de vider promptement et de nettoyer les caves et les souterrains inondés, de leur procurer une bonne ventilation et de rendre moins durables, par tous les moyens connus, les effets de l'humidité qui pénètre abondamment et se maintient même pendant plusieurs années dans les murs après une inondation.

Lorsqu'on voudra construire dans un même domaine, ou sur une zone de terrain plusieurs maisons ou ateliers, on devra faire en sorte que cet ensemble de constructions ne soit pas dispersé dans la campagne, mais préférablement, s'il est possible, réuni en groupe, de manière à former de petits centres habités, comme bourgs, villages, hameaux. Cette concentration de population est recommandée « parce que, écrivait Machiavel (livre XI de l'*Histoire de Florence*), les pays malsains deviennent sains par le rassemblement des habitants qui les occupent à la fois, qui assainissent la terre par la culture, purifient l'air par les feux, ce à quoi la nature seule ne pourrait jamais pourvoir ». C'est un fait aujourd'hui confirmé que le miasme paludéen se comporte d'une manière différente des autres miasmes, comme par exemple ceux du typhus, de la typhoïde, qui attaquent les grands centres de population et s'y propagent avec d'autant plus d'énergie que la population est plus nombreuse et plus compacte. La *mal'aria*, au contraire, attaque sans pitié les lieux les moins habités et fait des ravages parmi les populations clairsemées des campagnes, tandis qu'elle fuit les grandes villes, dans lesquelles les fièvres intermittentes apparaissent rarement. Cette observation sur la plus grande préservation du miasme paludéen dans les rassemblements de population était déjà connue des anciens, et parmi eux Tacite en parle au chapitre XV de ses *Annales*. La conséquence de ce fait, c'est qu'il y a plus de danger à habiter un pays de *mal'aria* dans une maison isolée que dans un village, et que celui-ci, à son tour, est moins salubre qu'une ville, dans laquelle les quartiers intérieurs sont, par la même raison, plus à l'abri des fièvres miasmatiques que les quartiers des faubourgs, comme cela se trouve prouvé à Rome. Il est certain que dans les ruelles les plus centrales de notre cité, principalement dans les quartiers Colonna, Campitelli, Parione, Regola, et dans les plus misérables du ghetto, qui s'étend sur une partie très-basse et voisine du Tibre, les fièvres intermittentes, ainsi que le fait observer encore de Tournon, sont beaucoup plus rares et plus bénignes que dans quelque quartier plus central de Rome, comme chacun le sait.

Pour donner une preuve propre à démontrer que la densité de la population, en même temps qu'elle produit et rend plus intenses les miasmes en général, éloigne le miasme paludéen, laissant de côté beaucoup de faits, j'en rapporterai seulement quelques-uns et parmi eux l'exemple de la ville de Londres qui, au temps de Morton, Willis, Sydenham, était travaillée de fièvres intermittentes, et n'en fut tout à fait délivrée que par l'accroissement extraordinaire de sa population et depuis qu'on a amélioré quelques marais dans le voisinage de Greenwich. Et à présent, dans Rome elle-même, nous avons la preuve que les quartiers de l'*Esquilin*, du *Viminal,* ou d'une manière plus précise ceux *di Termini* et *dell'Oppio*, qui depuis l'époque de Cicéron jusqu'à ces dernières années étaient regardés comme les moins sains de la ville, sont aujourd'hui, depuis que de grandes habitations y ont été élevées, notamment la station du chemin de fer, devenus bien meilleurs qu'auparavant, malgré les mouvements considérables de terres qui sont faits à chaque instant. Je maintiens l'opinion que ces quartiers, par leur position élevée et sèche, quand ils seront achevés, peuplés, protégés par une double rangée d'arbres, et, ce qui les améliorera encore, quand les rues récemment ouvertes seront pavées, ne tarderont pas à être classés parmi les plus salubres de la capitale. Je rappellerai encore que dans l'année 1198, époque où la population était tellement réduite qu'à peine elle atteignait 30 000 habitants, l'insalubrité y sévissait outre mesure. Le pape Innocent III, qui vivait à cette époque, écrivait : *Paucos Romæ suo tempore ad annos quadraginta, paucissimos ad sexa-*

ginta pervenisse. Cet état d'insalubrité alla en augmentant, et en peu d'années la population fut réduite à 17000 individus. Je fais observer enfin que plusieurs grandes et populeuses villes de Pensylvanie, du Mexique, du Brésil et des autres parties de l'Amérique méridionale sont exemptes des fièvres intermittentes, qui, au contraire, frappent les bourgs et plus encore les campagnes des environs.

Nous ne pouvons pas encore expliquer d'une manière certaine pourquoi une population agglomérée éloigne et détruit la *mal'aria.* Quelques personnes attribuent le fait aux feux nombreux, d'autres à la nature des sécrétions de la peau et des organes de la respiration, comme ayant une action modificatrice quelconque sur les principes miasmatiques. Je crois plutôt que cette propriété bienfaisante est complexe, c'est-à-dire dépend de plusieurs causes réunies et qui se retrouvent toujours dans les grands centres de population. Parmi ces causes, les principales sont *les constructions élevées* qui *arrêtent la ventilation* et sont un obstacle à la libre diffusion des miasmes arrivant du dehors; l'existence de feux nombreux qui brûlent et détruisent les miasmes micro-organiques; la combustion du charbon de terre, produisant une fumée chargée d'abondantes vapeurs bitumineuses qui altèrent et modifient les miasmes; les différents ateliers et établissements manufacturiers; un terrain consolidé, pavé et plus sec, qui, ainsi que nous avons vu, est contraire à la conservation et à la reproduction des miasmes paludéens ; les variations atmosphériques de chaleur et d'humidité rendues moins sensibles, la circulation active des voitures et des piétons, enfin beaucoup d'autres causes secondaires.

Si donc on avait la bonne fortune de construire quelque nouveau village ou hameau dans la Campagne romaine, on devrait, outre l'observance des règles déjà indiquées, veiller à ce que les rues et les places n'y fussent pas excessivement larges et étendues, afin que les maisons pussent, comme nous l'avons dit plus haut, former par elles-mêmes un rempart contre la diffusion des miasmes ; ni trop étroites pour ne pas produire d'autres maladies contagieuses par le manque de circulation suffisante de l'air, défaut commun à presque toutes les rues des tristes et sales petits hameaux de notre province. Après cela, que les rues soient un peu tortueuses au lieu d'être droites, je crois que cela importe peu ; mais une amélioration vraiment utile serait que les rues fussent pavées en pierres, non-seulement parce que le pavage est moins humide, moins poudreux, plus facile à balayer, mais encore parce que les miasmes quels qu'ils fussent, et surtout le miasme paludéen, pourraient difficilement s'y établir et s'y accumuler. On a des exemples nombreux et incontestables de production du miasme paludéen par cette cause seule que les rues dans quelques villages étaient en terre, humides, et toujours couvertes de fange. Ici, à Rome, l'air dans certaine rues est devenu plus sain depuis qu'elles ont été empierrées. Je citerai la place d'Espagne, celles de Barberini et de Saint-Sylvestre; et même aujourd'hui on peut s'assurer que les rues ou places, en petit nombre, dont le sol est en terre battue, comme celle de la *Bocca-della-Verita*, le *Forum romanum*, sont encore les moins salubres. A Paris même, depuis l'ouverture des voies nouvelles spacieuses, les fièvres typhoïdes, qui étaient presque endémiques, ont beaucoup diminué; au contraire, ont augmenté considérablement les fièvres intermittentes, auparavant assez rares et bénignes; et, de fait, dans cette ville, on en remarque un certain nombre de cas dans les temps actuels, ainsi que cela m'a été affirmé par un savant médecin français [1].

Cela proviendrait de ce que ces voies n'auraient pas été pavées, mais couvertes de petites pierres qui, par le passage continuel des voitures, par les pluies, par un arrosage excessif, sont changées en une telle quantité de boue, qu'il n'est pas toujours possible de les traverser à pied. De là les mêmes inconvénients

1. Le docteur Lévy écrivait : « Avant l'application du pavage à toutes les rues, Paris même était plus exposé aux fièvres intermittentes; le revêtement pierreux du sol oblitère une large surface d'émanations délétères; » ce qui a été aussi observé par Ernest Besnier. Aujourd'hui Paris, par rapport à la fréquence de ces fièvres, est retombé dans l'état primitif. Les villages de la Suisse, dont les rues n'ont pas de pavage de pierre, sont reconnus malsains et exposés à des fièvres de diverses natures.

que produisent les terrains humides et bourbeux. Le pavage en pierres est d'autant plus nécessaire que les rues sont plus larges, plus longues et plus rapprochées de la campagne, et que les quartiers de notre ville se trouvent dans des lieux plus bas. Je ne puis donc pas beaucoup approuver la chaussée des rues des nouveaux quartiers *Termini*, *Castro Pretorio*, qui, au lieu d'être pavée, selon l'usage antique et excellent de Rome, a été formée de petites pierres et de gravier, qui produisent de la boue ou de la poussière, selon le temps. J'espère que peu à peu, comme pour les autres quartiers à construire, on reviendra à l'ancienne méthode du pavage, ou à celle des grandes dalles, comme avaient coutume de le faire nos plus vieux ancêtres, si nous voulons surtout que ces localités ne soient pas aussi attaquées par les fièvres, si nous voulons obtenir les conditions hygiéniques les meilleures pour notre climat. Je ne cesserai d'insister sur cette question très-importante pour la salubrité de la capitale, ni de la recommander chaudement à notre municipalité, toutes les fois qu'on n'y donnera pas l'attention qu'elle mérite ; c'est ce qui n'est arrivé que trop souvent jusqu'ici pour plusieurs autres mesures très-utiles de salubrité publique.

Un autre avantage du pavage est de protéger les rues contre l'humidité, qui à Rome, dans les endroits bas, est excessivement grande à cause de la quantité considérable de sources qui coulent souterrainement, parmi lesquelles la plus abondante est *l'aqua Sallustiana*. Nous avons déjà examiné comment ces cours d'eau souterrains produisent l'humidité et l'insalubrité de l'air, même dans une localité sèche en apparence. Le pavage des rues, et spécialement le pavage en larges dalles, est donc le plus convenable pour empêcher l'évaporation et toute autre émanation de la terre et rendre l'air plus sec et plus salubre. Il est clair que cet avantage d'isolement serait obtenu peut-être mieux encore par une chaussée d'asphalte, qui est compacte, sans joints, qui absorbe moins la chaleur du soleil que la dalle et contient des substances bitumineuses et antimiasmatiques.

De ces quelques observations, il résulte que l'arrosage abondant et renouvelé plusieurs fois par jour dans les rues de Rome n'est pas une sage règle d'hygiène, parce que dans notre climat il augmente beaucoup les décompositions organico-terreuses et l'humidité atmosphérique. On ne devrait répandre d'eau sur les voies publiques que le matin de bonne heure, et en quantité seulement suffisante pour empêcher un soulèvement excessif de poussière. Quant à l'arrosage des rues couvertes de petites pierres, je n'en parle pas, parce que j'ai déjà présenté ce mode de pavage comme incommode, peu hygiénique, et devant être tout à fait rejeté pour Rome. A l'égard des nouvelles et larges rues que l'on veut ouvrir dans les quartiers neufs, quelques personnes soutiennent que celles-ci, quoique utiles à l'hygiène publique, présentent quelques inconvénients, parce que les miasmes s'y répandront plus facilement, et parce que l'irradiation du soleil s'y fera trop longtemps sentir. Lancisi, sur la foi des écrivains anciens, et spécialement de Tacite (*Annales*, lib. XV), assure qu'après l'incendie de Rome Néron voulut construire des rues très-spacieuses et droites; autant la ville eût gagné en beauté et en splendeur, autant elle eût perdu en salubrité. Je crois cependant que cet inconvénient ne se confirmera pas tout à fait à Rome, où les nouvelles rues ne sont qu'au nombre de deux ou trois, sans être excessivement larges, et cet inconvénient sera beaucoup moins à craindre encore toutes les fois que les rues seront pavées en pierres et bordées d'arbres feuillus.

Après cette digression sur les rues, revenons à notre question des habitations rurales ; disons quelques mots du choix de l'emplacement où elles devraient s'élever pour être encore plus salubres. On les construira de préférence de telle sorte que la façade soit exposée au vent du nord, qui est chez nous le vent le plus pur, et dans une localité indiquée par l'expérience comme la moins infectée de *mal'aria;* sur un sol bien sec, et, si cela est possible, au delà des marais et des terrains fangeux, afin que les vents de siroco ou du sud-ouest venant à souffler, ils arrivent aux habitations avant d'avoir traversé les foyers d'infection, où, selon ce que nous avons dit plus haut, ils s'imprègnent de miasmes qu'ils portent ensuite à de grandes distances. Les maisons devront donc être au-dessus du vent et tourner le dos aux marais, ainsi que l'ont conseillé les écrivains de l'antiquité qui ont traité des choses de la campagne, depuis Strabon jusqu'à Columelle. Ce dernier donnait cet avis : « On doit avoir soin que les maisons à la ville aient le fleuve à dos plutôt qu'en face, et que le devant de l'édifice soit exposé aux vents salubres et opposé aux vents malsains de la localité [1]. »

Ces observations sur les vents expliquent facilement pourquoi encore les habitations élevées sur le bord de la mer, ou du moins dans son voisinage, sont de beaucoup moins exposées aux miasmes que celles établies au milieu de la campagne. On en a la preuve dans le petit pays de *Porto-d'Anzio*, ou encore mieux dans celui de *Nettuno;* c'est que devant la mer, à 1 kilomètre de la plage, la *mal'aria* n'existe plus. Les Anglais qui ont écrit sur l'hygiène navale rapportent de semblables observations qu'ils ont été à même de faire dans la baie de Rio-Janeiro, dans celle de Panama, à Malte, et à Hong-kong en Chine; il en résulte que les navires à l'ancre à la distance de 4 ou 500 mètres de la terre étaient à l'abri des fièvres. Quelques campagnards ou des pêcheurs qui demeurent pendant l'été dans des localités malsaines de la province, et spécialement dans les Marais Pontins, profitent de cette salubrité des côtes de la mer en y

1. COLUMELLA lib. I, cap. V. § 48.

élevant quelques baraques ou cabanes pour y habiter pendant les mois les plus dangereux.

Toutefois il est évident qu'un petit nombre d'habitations seulement pourront être construites dans notre Campagne au-dessus du vent des marais, ou sur le bord de la mer ; on devra construire les autres sur des terrains secs, les moins insalubres, exposés au nord et défendus au midi par beaucoup d'arbres, ou sur des collines ou d'autres lieux élevés, qui sont, comme nous l'avons dit, moins tourmentés par les miasmes. En effet, dans les régions tropicales et dans d'autres régions à haute température, où la *mal'aria* est plus pernicieuse que chez nous, on trouve quelques habitations ou villages placés à une altitude où ils sont presque à l'abri des fièvres, quoique voisins et entourés de vastes terrains marécageux et très-malsains. Ainsi l'air de tous les châteaux romains qui embellissent les collines de Tusculanum et de l'Albano est bien meilleur que celui des plaines voisines ; le mont Circello lui-même, quoique proche des Marais Pontins, vers son sommet, est peu ou point atteint par les exhalaisons pestilentielles. Nous pouvons donner encore ici l'explication de cette remarque, quoique je l'aie exposée dans un autre écrit déjà cité [1] sur les sporules miasmatiques : c'est que ces sporules, ayant un poids spécifique supérieur à celui de l'air, s'affaissent facilement et s'enlèvent

1. Op. cit. *Recherches et expériences sur la nature des miasmes paludéens*. Rome, 1869.

avec peine dans l'air à une grande hauteur. Cette hauteur a été calculée de différentes manières par les hommes de science, parce qu'il y a des raisons nombreuses et diverses pour que les miasmes paludéens puissent s'élever plus ou moins au-dessus du lieu de leur origine. Entre les principales, nous mentionnerons la violence et l'abondance du miasme, et le degré de latitude du pays de *mal'aria*. En Italie, on constate généralement que le miasme paludéen ne s'élève pas au-dessus de 2 ou 300 mètres du sol dont il émane; dans les Indes occidentales, cette limite va au delà de 1 000 mètres. On ne doit même pas s'étonner si, au-dessus de certaine altitude, même en Italie, la *mal'aria* est quelquefois encore plus meurtrière que dans les plaines environnantes. On a la raison de cette exception apparente en examinant quelques circonstances spéciales à la localité. Ainsi, sur certains monts, de petits étangs marécageux se sont formés dans des fentes de rochers; sur d'autres, on trouve des couches profondes de terres très-humides sur lesquelles les germes transportés des vallées voisines germent et se reproduisent, surtout quand ces terres ont été remuées récemment.

Si, en général, les montagnes sont à l'abri du miasme paludéen, il n'en est pas de même pour les petites collines, peu élevées et dépouillées d'arbres, parce que là précisément la pente tournée vers le midi est ordinairement plus malsaine et plus pernicieuse que les plaines situées au-dessous, parce qu'elle présente de ce côté une large surface découverte et plus exposée aux vents chargés de miasmes. Ce fait est confirmé dans les districts marécageux de Sussex et dans plusieurs localités de la Sicile placées sur la pente des collines. Lors de la première guerre en Chine, les troupes anglaises campées à une certaine altitude eurent tant à souffrir, qu'elles durent abandonner cette position pour s'établir dans les vallées situées au-dessous, et où la *mal'aria* était beaucoup moins funeste. Il suit de là que les habitations rustiques dans la Campagne romaine doivent de préférence être établies vers le bas, ou sur le penchant des collines ou des grandes roches, et précisément sur le côté exposé au nord et opposé aux marais, de manière que la colline elle-même fasse obstacle aux effluves miasmatiques, poussées par les vents du sud et de l'ouest. Varron donnait aussi les mêmes conseils, quand il enseignait que les habitations et villages devaient être établis vers le bas des collines boisées, où les pâturages seraient vastes, où souffleraient des vents salubres, en les exposant autant que possible au levant équinoxial. Il rappelait encore qu'aucun endroit marécageux ne devrait se trouver dans le voisinage, parce qu'en se desséchant il produirait ces animalcules si menus que les yeux ne peuvent les voir, et qui, se soulevant dans les airs, pénètrent par la bouche et les narines dans le corps et y produisent des maladies difficilement guérissables[1].

1. VARRON, *De re rustica*, lib. I, cap. XI. — Lib. I, cap. IV.—Il

Après avoir parlé des montagnes boisées, je dirai que c'est une précaution très-sûre pour la salubrité des habitations et des bourgades de les protéger avec les arbres à haute tige, que l'on devra planter au midi et du côté qui regarde les marais comme étant le plus exposé à l'air vicié, conformément à ce qu'ont écrit sur ce sujet non-seulement les auteurs anciens, mais les modernes, parmi lesquels je cite Rigauld de l'Isle, Gasparin, Marsh, Pantaléon. L'influence heureuse que les arbres et les plantes, particulièrement les bois, apportent aux localités de *mal'aria*, est d'une importance telle qu'elle mérite qu'on entre à son sujet dans quelques détails, tant cette question a été diversement appréciée par les hommes de science. Mais encore je serai bref.

Je conclus en faisant des vœux pour que les courts avis que nous avons développés jusqu'ici sur les habitations rurales, sur leur emplacement, leur défense au moyen d'arbres de haut jet, ne soient pas laissés de côté par nos riches propriétaires ou les grands tenanciers, *mercanti di campagna*, s'ils désirent sérieusement pourvoir à la salubrité des nombreux paysans; surtout lorsque l'on construira dans *l'Ager romanus* de nouveaux centres d'habitations, si nécessaires pour

est facile de voir que Varron avait depuis longtemps une idée nette et suffisamment exacte du miasme paludéen ; et quoiqu'il le croie d'une nature animale plutôt que végétale, néanmoins, quant à l'origine et au mode de se comporter, ses opinions se sont trouvées, bien des siècles après, solennellement confirmées par les résultats scientifiques.

étendre progressivement tout autour sa culture, et sans lesquels on ne peut pas espérer qu'elle dépasse les limites actuelles. J'ajouterai encore que les habitations sont faciles à construire, et n'entraîneront pas des dépenses considérables, à l'encontre de celles projetées par quelques Américains, notamment par M. Mayo. Celui-ci propose de construire des habitations avec des plaques de fer galvanisé, et de forme spéciale ; elles devront être ventilées avec de l'air poussé au moyen d'une machine et purifié en passant à travers une toile ou une couche épaisse de coton et de charbon. Nous ne croyons pas que de telles maisons soient nécessaires pour la Campagne romaine, où les simples règles que nous avons indiquées seraient plus que suffisantes pour rendre l'intérieur des demeures salubres; d'autant plus que la *mal'aria*, sur cette vaste région, n'est pas aussi meurtrière que dans quelques parties de l'Amérique, ni telle qu'elle ne puisse être grandement diminuée, comme j'en suis convaincu, par les améliorations de quelques terrains, par une bonne et florissante culture, ainsi que cela a déjà été proposé par beaucoup d'écrivains, et récemment par Pareto, dans un estimable travail que nous avons plusieurs fois cité.

IX

Propriétés antimiasmatiques des arbres : divergences d'opinion entre les écrivains. — Accroissement de la *mal'aria* après la destruction des arbres. — Exemples incontestables dans la province de Rome. — Effets physiques et chimiques des arbres. — Les premiers plus efficaces, et pourquoi. — Développement de l'oxygène et de l'ozone. — Des plantes aromatiques. — Plantes et émanations vénéneuses. — Influence des arbres et des forêts sur le climat. — Maquis, broussailles trop touffues, causes de miasmes. — Conditions nécessaires pour que les arbres préservent de la *mal'aria*. — Choix des arbres. — L'eucalyptus globulus. — Ses avantages économiques et hygiéniques. — Les eucalyptus dans la Campagne romaine. — Le tournesol.

On a toujours conseillé et regardé comme avantageux de planter des arbres feuillus ou de haut jet pour améliorer les conditions malsaines d'une contrée de *mal'aria*. Cependant, si presque tous les observateurs ont reconnu que les arbres et les plantes étaient très-efficaces pour éloigner et peut-être pour détruire les miasmes paludéens, quelques-uns, au contraire, n'ont témoigné qu'une confiance très-faible ou même nulle dans cet expédient, alléguant, entre autres raisons, que même dans le centre de certaines forêts la *mal'aria* existe quelquefois même plus forte que dans les lieux environnants. Quoique des écrivains distingués soient de ce dernier avis, néanmoins il est désormais reconnu, même par Marsh, que les arbres sont très-propres à éloigner les miasmes, et en particulier le miasme paludéen, et je partage cette opinion. Il est pourtant nécessaire d'observer quelques règles spéciales tant sur le choix des arbres que sur le mode de les planter, sans quoi on espérerait inutilement retirer d'eux des avantages réels et constants.

Dans le développement que nous allons donner à cette question, nous verrons quelles sont les conditions les plus favorables pour que les arbres soient utiles. Je répéterai d'abord le conseil que je donnais plus haut, d'entourer les habitations et les villages, du côté méridional, de plantes de toutes sortes et d'arbres de haut jet, pour en faire comme un rempart contre les miasmes transportés par les vents du sud.

Les arbres et les bois qui entouraient le pays du Latium étaient dans l'antiquité beaucoup plus nombreux qu'ils ne le sont à présent; et, pour empêcher qu'ils fussent abattus ou endommagés, on les avait consacrés à la Divinité. Le long des bords de la mer Méditerranée s'élevaient de grands arbres que Théophraste disait suffire aux Étrusques pour la construction de leurs vaisseaux. Ce qui restait de la campagne était couvert d'arbres fruitiers, tellement que Varron la comparait à un vaste verger. Maintenant tout a disparu, et le spectateur qui regarde autour de lui du haut des collines du Latium ne découvre qu'une plaine dénudée, déserte, avec quelques restes épars de forêts, et çà et là quelques arbres sauvages, quelques pauvres cabanes et d'informes ruines antiques.

Or, il y a deux siècles environ, quelques plantations d'arbres en longues files existaient encore assez régulièrement dans la Campagne romaine et sur les voies publiques; mais aujourd'hui, pour notre malheur, elles ont été notablement diminuées; des plantes et des arbres ont été arrachés, on a laissé périr les autres par incurie, de sorte que la plus grande partie de notre territoire a l'aspect d'un terrain rasé. Le plus fâcheux, c'est qu'aujourd'hui, dans plusieurs localités, on a, d'une manière barbare et par avidité, coupé en grand nombre des arbres séculaires, d'où est résultée immédiatement une grande recrudescence des fièvres miasmatiques. Rigauld de l'Isle et Lancisi rapportent dans leurs ouvrages beaucoup d'exemples de pareils faits, et ce dernier écrivain crut utile de conseiller au pape Clément XI de défendre d'une manière expresse la destruction des arbres qui s'élevaient entre Rome et les marais. Je pourrais rappeler encore un grand nombre de cas semblables, mais je ne le ferai que pour quelques-uns qui ont eu lieu naguère dans notre province. A Palo, petite bourgade entre Civita-Vecchia et Rome, la *mal'aria* sévit avec force après qu'on eut rasé jusqu'à terre, il y a quelques années, un bois voisin, reste d'un bois sacré, qui protégeait ce pays contre les vents du midi. L'agréable pays de Manziana, autrefois presque exempt de fièvres, fut lui-même atteint après la coupe partielle du maquis voisin séculaire qui couvrait d'une manière opportune la longue ligne de terre placée au sud des habitations ; or, depuis que le bois repousse, les fièvres vont en diminuant chaque année de fréquence et de gravité. Voilà une preuve et une contre-preuve. Le territoire de Sezze était couvert, surtout du côté du midi, d'oliviers nombreux et épais qui y avaient poussé vigoureusement. Les bergers, afin d'augmenter la surface des pâturages, où, par suite d'un droit nouvellement affermé, ils pouvaient faire paître leur bétail, mirent secrètement, et à plusieurs reprises, le feu à ces arbres, et la plupart des oliviers furent détruits. Après de tels actes de vandalisme, l'insalubrité et la mortalité s'accrurent dans ce pays d'une manière démesurée ; maintenant il en est peu parmi les habitants qui aient l'heureuse chance d'éviter les fièvres pendant l'été. Supino est un petit pays dans la banlieue de Frosinone où autrefois on respirait un air si pur et si salubre que certains habitants des localités peu éloignées et infectées avaient l'habitude de venir passer quelques mois d'été dans ce pays sain. Or, il y a peu d'années, on a coupé un bois, qui était élevé au midi ; immédiatement l'air est devenu tellement malsain qu'en peu de temps beaucoup de personnes succombèrent, jusqu'au médecin lui-même. Dans le couvent des Trois-Fontaines, hors la porte Saint-Paul, la *mal'aria* forçait les moines à s'éloigner pendant l'été, tant les fièvres y étaient fréquentes ; or celles-ci ont diminué depuis qu'en 1870 on a planté tout autour un grand nombre d'eucalyptus, qui en peu de temps devinrent vigoureux, exhalant un air embaumé, lequel se fait davantage sentir le soir ou quand la brise du couchant souffle. Les moines, encouragés par un résultat si heureux, étendent de plus en plus leurs plantations d'eucalyptus. Ces quelques exemples incontestables pris dans notre temps sont la preuve la plus certaine, la plus irréfragable de l'efficacité des bois pour garantir un pays contre les émanations paludéennes.

Les frères Capucins avaient reconnu mieux que tous autres cette bienfaisante influence des plantes arborescentes, eux qui établirent leurs nombreux couvents sur les hauteurs et les garantirent efficacement au moyen d'arbres plantés en rangée tout autour et de bosquets qu'ils conservent toujours avec un soin vraiment religieux. Les Indiens aussi dans les régions de *mal'aria* ont coutume, depuis des temps très-anciens, de construire les villages au milieu de leurs vastes forêts, et ils ont reconnu par l'expérience que ces centres de population étaient presque à l'abri des fièvres intermittentes et du choléra. En Amérique, les habitants du marais Dismal jouissent des mêmes avantages, pour l'avoir planté d'arbres de haute taille et toujours verdoyants.

L'usage si louable et si efficace de planter des arbres

pourrait être appliqué même dans Rome, le long des rues nouvelles et dans le milieu des places, comme on a commencé à le faire dans la rue Nationale et sur la place *di Termini*, conformément à ce qui est pratiqué depuis longtemps dans beaucoup de villes et à l'exemple des célèbres boulevards de Paris et des squares de Londres. Dans une ville, les arbres servent non-seulement à purifier l'air, mais principalement à protéger les habitants contre l'ardeur trop vive des rayons du soleil. A Rome, outre d'autres lieux, il serait agréable d'avoir des plantations d'arbres sur la place du pont Saint-Ange et sur la place *Pia*, le long du bord du Tibre. Il paraît que ce n'est pas tant le mauvais air du Vatican que la traversée pénible du pont Saint-Ange, exposé à toute heure aux rayons ardents du soleil, qui engagea les papes, depuis Paul IV, à transporter pendant l'été leur séjour au Quirinal. Maintenant que les rues de Saint-Martin, la place de l'Indépendance au Camp prétorien, celle de la Tribune-de-Sainte-Marie-Majeure, sont presque achevées, il conviendrait de ne pas tarder plus longtemps à les orner par des plantations d'arbres. Il ne faudrait pas oublier les anciennes places d'Espagne, du Cirque-Agonal et de Saint-Jean-de-Latran, enfin toutes les places et les rues les plus larges de Rome, dans lesquelles le brûlant rayonnement du soleil d'été est très-désagréable, et n'est pas toujours sans danger pour ceux qui les traversent, en les exposant ainsi au rapide passage d'une température excessivement élevée à une autre plus basse, cause très-puissante de fièvres dans un pays de *mal'aria.*

Ce qui, à mon avis, pourrait encore contribuer très-utilement à la salubrité de la capitale serait de planter plusieurs rangées d'arbres de haute taille et feuillus, sur un large espace autour de l'enceinte de la ville, le long de cette ligne qui s'étend du sud au sud-ouest; ce côté découvert, non protégé par la série de collines qui entourent notre ville, présente une ouverture favorable aux vents du midi et au siroco, qui, après avoir traversé les lieux les plus infectés de la Campagne de Rome, arrivent tout chargés de miasmes. Lancisi rapporte que l'air devint plus malsain dans Rome après que le pape Grégoire XIII eut réalisé l'idée malheureuse de faire abattre une forêt de pins qui s'élevait au midi, mais qui était un repaire de voleurs et d'assassins. Cependant, avant d'effectuer les plantations autour de l'enceinte de Rome, je souhaiterais que l'on plaçât au plutôt quatre longues rangées d'arbres, de l'espèce *Eucalyptus*, dans le milieu des nouveaux quartiers de l'Esquilin, du Camp prétorien, dans le voisinage des maisons récemment construites, mais non pas en contact avec elles; on aurait ainsi une longue voie, donnant de l'ombre et très-utile pour assainir l'air dans cette partie de la ville, surtout dans des quartiers trop ouverts aux vents du sud, et qui jusqu'à présent ne sont pas assez salubres. Dans la seconde et dans la troisième zone de l'Esquilin, on sentira la nécessité impérieuse de planter des arbres le long des rues, au moins jusqu'à ce qu'elles soient bordées de maisons, ce qui certainement n'arrivera pas de si tôt. Donc, que nos Pères conscrits se réveillent une bonne fois de leur léthargie et ne négligent pas ces précautions bienfaisantes.

On peut attribuer les avantages considérables que produisent les arbres, non-seulement à l'action chimique de l'oxygène qu'exhalent les plantes, qui rend l'air plus approprié à la respiration et modifie, suivant l'opinion de Selmi, le principe même du miasme, mais surtout à un ensemble d'actions physico-mécaniques, dont nous allons indiquer les plus importantes. Les arbres sont des barrières opposées aux vents malsains du siroco ou du midi; en retenant leur impétuosité, ils les empêchent d'envahir directement et avec violence les centres habités; ils sont de plus utiles en forçant l'air à s'épurer en traversant leurs massifs, comme à travers un filtre où ils abandonnent une grande partie des corpuscules miasmatiques. Ces deux propriétés des arbres de haute taille, et couverts de feuilles, de faire obstacle aux vents méridionaux et de filtrer l'air, sont tellement évidentes que je ne puis comprendre comment elles ont pu être mises en doute par quelques personnes, surtout après les observations récentes faites en Allemagne et démontrant que les arbres préservent encore de la diffusion de plusieurs maladies épidémiques, et même du choléra. Ce résultat est entièrement dû aux effets physiques, que, contrairement à l'opinion de Selmi, je regarde comme bien plus importants dans de tels cas que les effets chimiques, ainsi qu'on en a la preuve si l'on remarque que les arbres, quoique nombreux, améliorent très-peu l'air, quand ils sont dispersés dans la campagne, tandis que s'ils sont groupés de manière à former un bois ou une forêt, ils garantissent admirablement de toute insalubrité paludéenne, non-seulement une bourgade, mais même toute une contrée. Nous nous convaincrons toujours plus de l'efficacité de cette action physique des arbres, si seulement nous nous rappelons que les miasmes sont constitués non de gaz, mais de sporules ou de corpuscules spéciaux, qui, tout menus qu'ils sont, ont cependant un poids, un volume, une surface et ne peuvent par conséquent traverser certains obstacles, comme les tissus de laine ou le coton en flocons, ni s'élever à une grande hauteur; il n'y a donc pas lieu de s'étonner par conséquent que des arbres élevés, feuillus, réunis en groupe, puissent les retenir dans leur masse, dans leur feuillage, de manière à en préserver un centre de population. C'est afin d'obtenir complétement un tel effet qu'il convient que les arbres soient placés au-dessus du vent et se trouvent peu éloignés des habitations. Si certains observateurs, comme Minzi et Brocchi, sont d'un avis contraire qui serait justifié par quelques exemples, cela vient de ce que leurs observations n'ont pas été suffisamment exactes, parce qu'ils n'ont pas tenu compte de toutes les circonstances nécessaires pour que les arbres et les bois puissent contribuer efficacement à l'hygiène d'une localité de *mal'aria.* Ces avantages ont été reconnus par Lancisi, Donis, Castelli, Nicolas, et par d'autres écrivains italiens et étrangers.

Indépendamment des propriétés ci-dessus indiquées, les arbres offrent encore celle d'assécher peu à peu les terrains très-humides, en absorbant cette humidité par leurs racines, et aussi par la surface externe de leurs feuilles. Cette propriété ne se manifeste pas d'une manière égale dans tous les arbres ; nous verrons par la suite quels sont ceux qui la possèdent à un degré tout particulier, comme, par exemple, les eucalyptus. Le desséchement du sol par les arbres est encore aidé par les feuilles et les petites branches, qui tombent continuellement, et se transforment avec les années en humus ou terre végétale, laquelle s'accumulant par couches surélève peu à peu la surface du sol. Les arbres enfin protégent par leur ombre le terrain à l'entour contre les rayons brûlants du soleil d'été, maintiennent la température plus fraîche, et favorisent la végétation des petites plantes ou des herbes délicates, qui autrement s'étioleraient et sécheraient en peu de temps.

L'influence bienfaisante que les plantes et les arbres de haute tige apportent aux régions de *mal'aria* est donc multiple : elle se compose principale-

13.

ment d'une action mécanique filtrante et épurante ; de l'obstacle qu'ils apportent à la diffusion des miasmes ; et enfin du dégagement de l'oxygène, lequel, en même temps qu'il produit un air plus pur, plus facile à respirer, a peut-être la propriété de modifier le principe délétère. A dire vrai cependant, je regarde cette action modificatrice comme faible, même lorsque l'oxygène se développe dans cet état allotropique appelé ozone [1]. J'ai pu aussi moi-même m'assurer, d'après quelques-unes de mes observations, que l'oxygène ozoné ne manifeste presque aucune action décisive et appréciable sur les sporules ou les germes miasmatiques, et dans ces recherches mes expériences m'ont conduit à des résultats qui ne sont pas en tout conformes à ceux obtenus par Selmi. Nonobstant ces remarques et ces doutes, il est aujourd'hui établi que dans les localités où des arbres se trouvent en grand nombre, l'air y est non-seulement plus frais par la diminution de l'irradiation de la chaleur, mais, ce qui importe beaucoup plus, il est plus pur et moins vicié qu'ailleurs ; faits qui peuvent être attribués non à la seule action physique, bien que très-importante, mais encore à une action chimique. En effet, parmi les actions chimiques les plus en vue, je note celle qui est admise comme certaine depuis quelque temps, et qui dérive de la propriété bien connue, que possè-

1. Les écrivains scientifiques ne sont pas tous d'accord sur la nature et la production de l'ozone par les plantes. *Notes et réflexions sur l'ozone*, par L. Belluci. Prato, 1869.

dent les plantes et surtout les arbres, de soutirer l'acide carbonique qui sous l'influence de la lumière est décomposé par elle en carbone, principal aliment des végétaux, et en oxygène qui reste libre en grande partie et se répand dans l'air. Or l'oxygène, au moment où il est produit, qu'il soit ou non à l'état *d'ozone*, peut avoir une influence quelconque sur les principes septiques ou miasmatiques contenus dans l'air, encore que cette action doive plutôt être admise comme une conjecture probable que comme une chose démontrée par des expériences scientifiques répétées et exactes.

Les arbres et les plantes qui, entre tous, peuvent être regardés avec raison comme les mieux doués d'une énergique propriété chimique pour purifier l'air des miasmes, sont ceux qui sont odorants et qui contiennent dans leurs feuilles ou dans leurs fleurs des principes aromatiques, comme le tilleul, l'acacia, les eucalyptus et surtout l'*Eucalyptus odorata*. Quelques écrivains, et notamment Mantegazza, sont disposés à croire que ces arbres aromatiques émettent de l'ozone en plus grande abondance; en effet, beaucoup d'huiles essentielles, comme celles de menthe poivrée, de giroflée, de lavande, en s'oxydant, produisent l'ozone, d'après les recherches de quelques chimistes. « Il faudrait, écrit l'auteur ci-dessus nommé, qu'une maison placée dans une localité infectée fût entourée d'une atmosphère continue de parfums. » Dans l'Inde, on a une telle confiance dans la propriété purifiante du *Thymus capitatus*, que cette plante fut consacrée à Vishnou. — Pline, dans le livre XII de l'*Histoire naturelle*, au chapitre XXVIII, dit que l'odeur des feuilles de laurier éloigne la peste ; — et Hérodien raconte que pendant une épidémie de peste qui sévit en Italie au IIe siècle les étrangers, alors en grand nombre à Rome, furent envoyés à *Laurentum*, pour y respirer l'air parfumé par des lauriers vigoureux — *laurus nobilis* — qui poussaient là en grande quantité, et qui ont valu son nom à cette ville.

Que maintenant quelques plantes même non aromatiques aient une action modificatrice sur les principes miasmatiques paludéens, cela peut être aussi en quelque sorte établi par les faits exposés dans une note de cet opuscule (page 54), dans laquelle j'ai parlé des propriétés de certaines plantes aquatiques, comme l'*Hydrocharis*, et particulièrement le *Pistia stratiolens*, l'*Aclodéa canadensis*, etc., de rendre les eaux stagnantes suffisamment pures et inoffensives. Quelques-unes de ces plantes, qui ont de grandes feuilles surnageant à la surface des eaux, en décomposeront les émanations nuisibles, sous l'influence des rayons solaires, et produiront, au contraire, un air respirable; d'autres, plus profondément submergées, dégageront de l'oxygène en assez grande abondance pour purifier les eaux mêmes, à ce point de les rendre potables.

Quoique les arbres, en général, aient la vertu d'éloigner ou de détruire en partie la *mal'aria*, cependant il en est quelques-uns parmi les exotiques qui ont la réputation d'émettre eux-mêmes le miasme, à ce point que les indigènes se gardent bien de s'arrêter, et encore plus de s'endormir sous leur ombre. Parmi ces arbres malfaisants, on compte le *Melia azadarachta*, le *Carica papaya* et quelques *Rhizophora* et autres. Il n'y a pas à douter que certains arbres, tels que l'*Antiaris toxicaria*, qui contient le terrible poison connu sous le nom d'*ipa* ou d'*upas*, l'arbre mancenillier ou *manzanillier*, — *Ippomane mancinella*, — quelques espèces du *Rhus* américain et chinois, peuvent répandre des exhalaisons mauvaises et vénéneuses de nature à causer à ceux qui les respirent des nausées ou d'autres incommodités, ou même enfin de vraies maladies. Néanmoins j'ai peine à croire qu'il existe des plantes qui durant leur végétation produisent des miasmes de l'espèce paludéenne et, par conséquent, la fièvre intermittente. Il me paraît beaucoup plus probable de maintenir que ces tristes effets doivent être attribués à des terres ou à des localités qui, étant en grande partie marécageuses ou très-humides, sont aussi malsaines, plutôt qu'aux espèces d'arbres ci-dessus mentionnées ; plusieurs autres médecins sont de cet avis [1].

Les arbres de haut jet, et surtout les bouquets de bois, influent sur le climat non-seulement dans une localité restreinte, mais même dans une vaste éten-

1. *Hygiene of mal'aria*, by C.-A. Gordon. *Medical Press and Circular*.

due de territoire ; en effet, on a plusieurs fois vérifié que les conditions climatériques de telle région ont été modifiées après la coupe d'une forêt étendue, de façon que les pluies, les vents, la température, tout fut par ce fait sensiblement changé et par conséquent même l'état hygiénique. Becquerel prouve que dans les lieux déboisés la quantité moyenne de pluie annuelle diminue et la température moyenne est augmentée; tellement que Hedemberger, qui étudia avec soin tous ces phénomènes, calcule, non sans exagération, que le climat de l'Italie de la zone tempérée s'est rapproché de dix degrés vers la température du sud, et soutient que les moyennes de la température s'élèveraient encore plus si nous ne renoncions pas à la mauvaise habitude de tourmenter nos bois : « C'est ainsi que la nature et l'homme, écrit Boccardo, contribuent tour à tour à transformer la face de la planète terrestre. »

Quant aux forêts, il est utile de faire une observation qui a quelque importance, c'est que chaque fois que, pour assainir une localité ou défendre un lieu habité contre les effluves paludéennes, on veut boiser une surface de terre étendue, il faut planter les arbres non pas très-rapprochés les uns des autres, mais à une courte distance, ou les éclaircir un peu après qu'ils auront atteint une certaine élévation, parce qu'on a remarqué que les arbres trop rapprochés les uns des autres, comme les maquis épais et remplis de broussailles, produisent à l'intérieur un air vicié. La raison en est que la grande humidité du sol, surtout quand il est argileux, s'y trouve maintenue par l'obstacle apporté aux courants d'air et aux rayons du soleil, et qu'alors, favorisant la décomposition des feuilles et des autres débris végétaux, la forêt donne naissance à une abondance nuisible de germes miasmatiques, comme cela est arrivé dans quelques maquis épais de la Pouille, des environs d'Ostie, de Castel-Fusano, de Pantano et de Cisterne. On ne peut dire combien l'air devient pestilentiel et nuisible pendant l'été au milieu de ces bois peuplés de taons et qui servent d'asile à des familles nombreuses d'insectes; les mêmes inconvénients se rencontrent dans les maquis bas, composés en grande partie d'arbustes touffus et de buissons épais, qui, jetant continuellement leur ombre sur le terrain, le maintiennent dans un état d'extrême humidité et dans des conditions favorables pour produire en été ces corruptions lentes qui engendrent le miasme.

Une autre observation, qui n'est pas non plus sans importance, c'est qu'il est convenable que les arbres et les bois, pour être véritablement favorables à l'hygiène des lieux malsains, se trouvent placés au midi. C'est seulement alors qu'ils pourront être un avantage et purifier les vents du sud, qui, ainsi que nous l'avons vu, sont les plus imprégnés des germes miasmatiques paludéens. Quand les forêts s'élèvent au nord d'un pays, il est évident qu'elles ne peuvent pas servir à le préserver des émanations nuisibles; ces bois et ces arbres ne peuvent alors ni retenir ni filtrer l'air vicié qui vient du sud, ni modifier les miasmes par l'effet d'une action chimique quelconque; au contraire même, en formant, dans ce cas, un obstacle au libre cours des vents méridionaux, ceux-ci sont par suite repoussés en arrière sur les centres habités, et augmentent la *mal'aria*. Il est donc clair que les épaisses plantations d'arbres, pour être d'une utilité assurée, doivent toujours se trouver au-dessus du vent: autrement, mieux vaudrait les abattre, comme on l'a fait à Cisterne, où le duc de Sermoneta a prescrit récemment la destruction d'une forêt qui s'élevait au nord du pays; l'hygiène, loin d'en souffrir, s'y améliora sensiblement, et les fièvres à périodes, si communes dans cette localité, y devinrent après moins fréquentes.

Ces considérations sur l'état interne et sur l'emplacement des forêts nous permettent d'expliquer facilement aujourd'hui les deux faits que nous venons d'indiquer, et qui paraissaient contradictoires, c'est-à-dire comment les éclaircies pratiquées dans quelques bois très-épais, et même la destruction totale de quelques autres qui s'élevaient au nord dans le voisinage de certaines localités habitées, avaient rendu dans ces lieux l'air moins insalubre, tandis que les forêts et les arbres sont un obstacle très-efficace à la diffusion des miasmes : c'est ce que l'expérience a démontré d'une manière incontestable dans plusieurs contrées, et nous en avons rapporté tout à l'heure des exemples remarquables.

Quant au choix des arbres qui répondent le mieux à ce but, outre ceux qui ont été déjà indiqués, il y a, pour les bords de la mer, les pins, qui produisent des émanations balsamiques de résine et de térébenthine. Dans la campagne, on peut employer les ormes, les tilleuls, les mûriers, les platanes, le laurier-cerise, les peupliers, qui poussent avec une promptitude vigoureuse près des étangs et des terrains humides, qu'ils consolident peu à peu par l'extension de leurs racines et dont ils élèvent aussi le niveau. Les Américains se sont servis quelquefois de ces qualités du peuplier pour améliorer quelques vallées marécageuses. En outre, on obtiendrait un bon résultat dans notre campagne par les plantations de l'*Eucalyptus globulus*, arbre de la Tasmanie et de l'Australie, cultivé récemment en Europe, mais que malheureusement, selon les expériences faites jusqu'à présent, on n'a pas toujours réussi à acclimater dans toutes les parties de la Campagne romaine, parce qu'il y supportait mal les rigueurs de l'hiver. Cet arbre atteint en peu d'années de grandes proportions et quelquefois une hauteur de plus de 80 mètres; il fournit un bois propre à la construction des maisons et à la fabrication des meubles; ses feuilles émettent une forte odeur aromatique, produite par une huile essentielle, qui a quelque analogie avec le camphre, et qui semble agir efficacement sur le miasme paludéen. La surface étendue de ces arbres et la disposition perpendiculaire de l'abondant et gros feuillage qui les couvre sont des conditions très-favorables pour retenir l'impétuosité des vents et pour les épurer par le filtrage des corpuscules miasmatiques qu'ils transportent avec eux.

Les eucalyptus sont également doués de la propriété précieuse dont nous avons parlé plus haut, c'est-à-dire d'absorber l'eau de la terre pour une quantité vraiment considérable et telle qu'elle a été calculée par quelques personnes comme égale à dix fois le poids de l'arbre, dans l'espace seulement de 24 heures. Il suit de là que les eucalyptus et surtout l'*Eucalyptus amygdalina*, qui croit également bien dans un sol marécageux, pourraient en peu d'années dessécher les terrains humides, et même ceux qui sont marécageux. C'est un résultat qui dépassa les plus grandes espérances sur toutes les surfaces étendues de terrains couvertes de ces arbres, et particulièrement dans les colonies anglaises du Cap et de l'Australie, en Amérique, à Cuba, à Constantine et à Pondook, le long des bords du fleuve Hamyse. Par la plantation des eucalyptus, nous pouvons donc obtenir, à un degré remarquable, le triple effet attribué aux arbres, c'est-à dire *effet chimique* qui dérive des émanations odorantes et de l'oxygène; *effet de filtration* très-important, et produit par les grandes et nombreuses feuilles perpendiculaires; enfin, *effet d'absorption et de dessé-*

chement des terrains très-humides et marécageux.

A ces propriétés des eucalyptus viennent encore s'en ajouter d'autres. Ce sont : l'huile essentielle qu'on en tire, l'infusion, la poudre, ou l'extrait fluide de ses feuilles, qui ont été expérimentés d'une manière très-avantageuse pour combattre les fièvres intermittentes, contre lesquelles pourraient encore réussir de bons prophylactiques. Dans quelques cas mêmes, des fièvres invétérées et rebelles à la quinine furent vaincues par des préparations pharmaceutiques de l'*eucalyptus globulus* : ces produits ont été encore employés d'une manière efficace dans les catarrhes des bronches et dans la cure externe des plaies et des blessures. En Australie, ils sont d'un usage vulgaire dans tous les maux, et surtout contre ceux qui résultent des miasmes paludéens. C'est à bon droit que cet arbre s'est acquis en Espagne le nom populaire *d'arbre contre la fièvre* [1].

1. Il résulte des expériences faites récemment en Italie sur les plantations d'eucalyptus que ces arbres croissent dans quelques régions, tandis que dans d'autres, plus exposées aux vents du nord et aux gelées d'hiver, ils prennent avec quelque difficulté. Néanmoins, quand l'arbre a gagné deux ou trois ans de vie, il se fortifie et craint moins les vicissitudes du climat, pourvu que la température ne descende pas une seule fois au-dessous de 1-6°, après laquelle tous les eucalyptus périssent. Dans la Campagne de Rome, parmi tous les eucalyptus plantés jusqu'à présent, quelques-uns croissent vigoureusement sur certains points ; sur d'autres à peu de distance, ils n'ont pu prendre racine, ou seulement après de grands soins. Malgré cela, j'ai la conviction qu'en usant de quelques précautions dans les premières années

J'ai peu de confiance dans la valeur antimiasmatique du tournesol dit *Helianthus annuus*, auquel on a fait une réputation dans ces derniers temps. D'après ce qu'on dit, cette plante aurait été reconnue propre à purifier de la *mal'aria* quelques localités le long des rives de la Scheldt, où sévissaient, il y a quelque temps, des fièvres périodiques, ainsi que dans l'île Maurice et d'autre lieux. On attribuait cette vertu dépurative du tournesol à la faculté dont il jouirait d'absorber l'humidité ou de décomposer et de s'assimiler les principes de fermentation contenus dans les terres humides, et enfin à l'action de l'ozone que quelques-uns croient se dégager en abondance de cette plante. Je pense plutôt que l'influence du tournesol sur l'air paludéen n'est pas supérieure à celle qu'ont beaucoup d'autres plantes de basse tige, à moins qu'on ne veuille lui attribuer une aptitude plus grande à absorber l'humidité, jointe à la propriété de retenir plus facilement les germes miasmatiques embarrassés dans les poils qui couvrent ses feuilles. Cette dernière observation servira toujours à confirmer

des plantations et en choisissant un terrain abondant en humus, et surtout en se servant de semis provenant d'arbres ayant déjà grandi sous notre climat, on réussira à les acclimater dans notre Campagne romaine avec un grand profit pour l'hygiène et l'industrie. En Corse, dans la province de Naples, en Sicile, ou en Algérie, ils paraissent croître à merveille. Il y a plusieurs variétés d'eucalyptus qui, dit-on, soutiennent mieux les rigueurs de l'hiver, comme l'*Eucalyptus gigantea*, *caryophylla*, *Gunii*, *marginata*, etc., espèces que l'on expérimente en ce moment sur le territoire romain.

l'opinion qui maintient les avantages attribués aux arbres contre la *mal'aria,* comme étant le résultat d'une action mécanique filtrante. Néanmoins on pourrait toujours expérimenter dans nos champs l'efficacité sur la *mal'aria* d'une culture grande et étendue du tournesol.

On peut conclure de tout ce qui vient d'être dit jusqu'ici sur les bois et sur les arbres que, s'ils sont plantés conformément aux règles que nous avons indiquées, et surtout à peu de distance entre eux, au sud d'un village ou de toute autre localité habitée, ils deviendront très-efficaces pour améliorer le climat et épurer l'air ; autrement, il faut bien se le rappeler, ils seraient inutiles et même dangereux.

Ces résultats, bons ou mauvais, interprétés par les hommes de science de diverses manières et pas toujours exactement, furent cause que ceux-ci se divisèrent en deux rangs opposés : les uns affirmant l'efficacité réelle des plantes de haute taille contre la *mal'-aria,* les autres la niant en tout point. Maintenant cependant que la science et les observations nombreuses et scrupuleuses ont établi ce fait, il n'est plus permis de le mettre en doute. On n'a donc plus qu'à engager les propriétaires des domaines, les grands fermiers et la Société pour l'amélioration des terres à se mettre à l'œuvre avec l'espoir et même avec la certitude d'obtenir, grâce à une plantation bien étendue, un assainissement notable de l'air dans toute ou dans une grande partie de la Campagne de Rome.

X

Principales formes des maladies produites par l'infection des miasmes paludéens. — Fièvres pernicieuses; leur fréquence; mortalité. — Fièvres intermittentes plus promptement guérissables, récidives plus rares. — Efficacité de la quinine, causes qui s'opposent à sa vertu médicinale. — Victimes par le manque de secours médicaux dans la Campagne de Rome. — Nécessité d'y établir des stations médicales et d'y fonder des hôpitaux. — Changement de climat comme moyen de vaincre les fièvres intermittentes obstinées. — Méthode pour les soigner. — Établissements de convalescence. — Variété de susceptibilité des Italiens à l'égard de la *mal'aria*. — Avantages économiques et hygiéniques des machines agricoles. — Avis à ceux qui émigrent dans un pays salubre. — Propositions aux grands tenanciers ou fermiers. — Résumé des conseils et des précautions hygiéniques pour les habitants de Rome.

Les maladies les plus communes dans Rome et dans la Campagne romaine sont sans doute celles qui ont pour cause le miasme paludéen. Je ne pourrais présenter ici les chiffres exacts qui nous feraient connaître leur fréquence et le rapport de celles-ci avec les autres maladies de notre pays, parce que nous manquons, jusqu'à présent, d'une statistique générale médicale. Néanmoins il résulte clairement des comptes rendus de l'hôpital du Saint-Esprit, publiés dans ces dernières années, que les fièvres de *mal'aria* sont beaucoup plus nombreuses que les autres. Ce n'est pas ici le lieu convenable de décrire toutes les variétés de maladies produites par le miasme paludéen, et chacune d'elles. Je dirai seulement que celles-ci sont multiples et se distinguent entre elles par la *forme*, par les *complications* et par la *gravité*. Les plus fréquentes sont les fièvres intermittentes ou périodiques, dans lesquelles les accès se manifestent tous les jours, ou tous les deux, trois ou quatre jours.

Fièvres intermittentes quotidiennes ; tierces ; quartes. — Ces fièvres sont, soit *régulières*, *franches* ou *simples*, soit *indéterminées*, *cachées* ou *compliquées* avec d'autres espèces de maladies produites le plus souvent par des affections intestinales ou des bronches. Quelquefois elles sont légères ; dans d'autres circonstances, elles sont graves et pernicieuses, c'est-à-dire que par leur gravité elles mettent en grand danger la vie du malade. Enfin la variété s'établit par la prédominance de certains phénomènes ou symptômes spéciaux qui accompagnent un accès de fièvre pernicieuse. Quand, par exemple, paraissent des sueurs très-abondantes, on l'a appelée *colliquative; léthargique* ou *apoplectique*, s'il y a congestion au cerveau avec forte chaleur. Enfin, si les vomissements, la dyssenterie ou quelque autre symptôme dominent, on l'appelle *vomitive* ou *dyssentérique*, etc.

Les fièvres intermittentes se traitent vite et bien ; elles peuvent être faciles à guérir ; assez souvent cependant elles sont obstinées et rebelles à tout remède, surtout les fièvres quartes et celles qui viennent en automne. Il est vrai de dire que si des fièvres deviennent quelquefois telles par ignorance ou négligence du médecin, cela arrive plus souvent par les infractions des malades ; ceux-ci, après avoir pris quelques grammes de quinine, pensent avoir fait tout ce qu'il faut pour leur traitement et dédaignent toutes les précautions et les préservatifs hygiéniques nécessaires qui doivent être scrupuleusement observés pendant la convalescence et pendant une longue suite de jours après le dernier accès de fièvre. C'est là une des principales causes qui rendent les fièvres intermittentes obstinées et rebelles à tous les moyens thérapeutiques.

Outre les fièvres intermittentes, l'infection de *mal'aria* produit encore quelques fièvres quasi continues, dans lesquelles les accès sont peu séparés, n'ayant pas entre eux d'intervalle de véritable apyrexie, c'est-à-dire de suspension fébrile marquée, ou même de simple rémittence.

Ces fièvres, nommées exactement *rémittentes miasmatiques*, sont aujourd'hui bien distinctes des autres fièvres continues et de caractères différents avec quelques-unes desquelles elles ont été jusqu'à présent confondues. Elles sont chez nous assez communes en été et en automne ; en hiver, on les rencontre plus fréquemment chez les étrangers, parce qu'ils sont moins accoutumés à notre climat[1]. Par des

1. *La Fièvre rémittente miasmatique, étudiée à Rome*, par le docteur P. Balestra, Rome, 1870.

causes presque identiques, tous ceux qui arrivent nouvellement à Rome contractent souvent ces fièvres à forme continue rémittente, plus facilement que les fièvres intermittentes véritables. Même les accès pernicieux attaquent ceux-ci plus souvent que les Romains. Parmi les maladies provenant de l'infection paludéenne, il faut encore compter les névralgies périodiques, ou les douleurs par accès très-vives, comme quelques migraines, le tic, la névralgie surorbitaire, etc.

Quoique dans notre climat les maladies résultant de la *mal'aria* prédominent sur les autres, néanmoins nous ne devons pas nous en effrayer beaucoup, parce que, comme nous l'avons démontré ailleurs (voir p.22), ces maladies ne produisent pas dans Rome une mortalité plus grande que celle des autres grandes villes d'Italie, où dominent d'autres maladies bien plus meurtrières, la miliaire, la typhoïde, etc. Je crois bien que le chiffre des morts par suite de fièvres pernicieuses qu'on a fait connaître d'après les comptes rendus de l'état civil de la commune n'est point exact, mais très-exagéré, car les déclarations médicales ne sont pas jusqu'à présent suffisamment précises, surtout celles qui proviennent des hôpitaux. Plusieurs individus malades assez gravement meurent peu après leur admission dans ces établissements, avant qu'on ait bien pu s'assurer du genre de la maladie ; des médecins ont plusieurs fois signalé ces cas de mort comme résultant de fièvres pernicieuses, tandis que souvent ils devraient être attribués à une autre maladie. En effet, en examinant les renseignements des hôpitaux pour la saison d'hiver, on trouvait indiqués parmi les causes prédominantes de mort, un assez grand nombre de cas de fièvre pernicieuse ; cependant tous les médecins savent par expérience combien ces cas se présentent rarement dans la saison froide.

Afin d'éloigner les tristes incidents qui peuvent être la conséquence d'une fièvre intermittente, il convient de recourir le plus tôt possible aux secours de l'art. Je conseille donc aux habitants de Rome de faire choix d'un bon médecin du pays, pour suivre ses indications, et surtout de le choisir sans retard, car, l'été, on est facilement exposé aux fièvres. Le secours de la science, dans ces cas, est extrêmement utile ; des soins prompts et bien dirigés peuvent vous enlever toute crainte sérieuse de mort, ou tout au moins empêcher qu'une fièvre devienne obstinée et se complique au point de mettre le malade en grand danger. Rappelons qu'il n'y a pas de fièvre périodique, si bénigne qu'elle soit, qui ne puisse se transformer tout à coup en une fièvre pernicieuse. Un médecin expérimenté est une garantie de guérison, son conseil est vraiment utile et efficace, et l'on ne doit jamais tarder à l'appeler, encore moins négliger ses conseils, si l'on veut éviter des dangers graves et des conséquences périlleuses.

Pour combattre les fièvres de la *mal'aria*, on ne

connaît pas de remède plus efficace et plus sûr que la quinine ; malgré cela, ce remède, auquel nous devons de véritables miracles de guérison, a été l'objet de calomnies, comme le furent presque toutes les grandes découvertes dont l'humanité a profité, et on a fait peser sur lui les plus grossiers préjugés. Ainsi beaucoup de malades ont vu dans l'emploi de la quinine la cause de surdités, de tremblements, de gonflements de la rate ou du foie, enfin, de tous les autres symptômes qui accompagnent les fièvres intermittentes graves ou répétées. Afin de combattre des accusations aussi fausses et souvent si funestes à des malades, je dirai que la quinine n'est point une substance vénéneuse, mais un médicament inoffensif qui, alors même qu'il ne serait pas indiqué, pourrait être administré impunément ou du moins sans danger dans le plus grand nombre de maladies. La quinine seule a pu arracher à la mort un plus grand nombre de malades que tous les autres remèdes réunis. En sorte que, lorsque des fièvres intermittentes et même pernicieuses ont produit la mort, on peut, dans le plus grand nombre de cas, l'attribuer à l'incurie ou à une ignorance grossière. Je suis disposé à croire que si dans l'antiquité on eût connu la quinine, nos pères lui auraient à bon droit élevé des temples, et auraient brûlé des parfums sur l'autel de la déesse China avec plus de raison qu'ils ne l'ont fait pour la déesse Febbre. Je ne puis cependant taire qu'aujourd'hui quelques médecins abusent parfois de ce médicament, en l'administrant à très-haute dose, et dans beaucoup de maladies très-diverses, comme s'il était une panacée universelle. Malgré ces excès, qui ont jeté quelque discrédit sur la vertu réelle de la quinine, celle-ci a été et sera probablement encore pendant longtemps le médicament le meilleur et le plus efficace pour vaincre toutes les maladies du miasme paludéen ; c'est à lui que le malade devra recourir avec confiance comme à l'ancre de salut.

Donc, si une personne, dans une localité insalubre, par suite de négligence à suivre les précautions indiquées, ou par toute autre cause, a été prise par la fièvre intermittente, elle devra immédiatement, et sans admettre aucun retard, même d'un jour, se mettre en traitement, non-seulement afin d'éloigner tout danger, mais encore pour se débarrasser de la fièvre au plus vite. Les malades doivent se convaincre que plus le traitement aura été rapide, énergique et bien dirigé, plus la guérison sera également rapide, certaine et constante. C'est ici le cas où l'on peut le mieux appliquer la maxime : *Principiis obsta.* Il n'y a peut-être pas une maladie qui présente une tendance à la récidive autant que la fièvre intermittente, surtout celle d'automne ; cependant ma pratique et des observations répétées m'autorisent à affirmer qu'on réussit toujours à combattre victorieusement et sans danger de rechute une fièvre périodique d'été, pourvu qu'elle soit traitée à temps et pas plus tard qu'après le premier accès; dès lors, il convient d'agir avec tous les moyens de l'art et avec des doses larges et répétées de quinine de qualité pure, non adultérée, comme on la trouve trop souvent dans le commerce.

Quand il y a rechute de fièvres périodiques, ou si elles sont devenues obstinées et rebelles aux remèdes, on doit presque toujours l'attribuer moins au caractère particulier de la fièvre qu'à un traitement tardif et insuffisant, ou à quelques fautes commises pendant la longue période de convalescence. Que tous ceux donc qui habitent l'été dans un pays quelconque où existent des maladies de caractère paludéen se rappellent bien comme une chose essentielle pour leur guérison qu'ils doivent se faire traiter sans tarder, suivant les conseils d'un médecin expérimenté, dès l'apparition de la fièvre intermittente, quand même elle serait en apparence bénigne et légère. Pendant le temps du traitement, et les jours qui suivront encore assez longtemps, on ne devra pas négliger les conseils et les précautions indiqués, et sans lesquels on n'est jamais certain d'une guérison durable[1].

1. Si les fièvres intermittentes sont quelquefois obstinées et rebelles aux préparations de quinine, cela doit être attribué à l'action insuffisante et temporaire de ce médicament sur les sporules fébrigènes ou à d'autres causes qui, survenues dans l'intervalle, empêchent la quinine de réagir et de décomposer les germes miasmatiques. Au nombre de ces causes, nous citerons le gonflement du foie ou de la rate, qui empêche la quinine prise en

Pour obtenir dans la Campagne romaine un traitement prompt et bien dirigé, il conviendrait d'établir dans quelques localités, où les paysans se trouvent en plus grand nombre à travailler, des maisons de secours ou des stations sanitaires auxquelles les malades pourraient provisoirement recourir et où ils seraient le plus promptement possible pourvus des choses nécessaires et soignés. Beaucoup de nos campagnards, faute de moyens de transport, ou par suite de quelque préjugé, ne se décident à recourir aux hôpitaux de Rome, éloignés d'eux, que quand les accès de fièvre se renouvellent avec aggravation de danger. Ils ne sont pas rare, les cas où des paysans atteints de fièvres pernicieuses ont succombé comme des animaux sur la terre nue, au milieu des champs ou sur le chemin, pendant qu'on les transportait à Rome dans des voitures fort incommodes, sans assistance ou sans aide d'aucune sorte. La cause de ces tristes faits est sans aucun doute le manque absolu de médecins sur une grande partie de la Campagne de Rome, ainsi que de médicaments, d'hôpi-

boisson de se mettre en contact avec les germes attachés et comme unis à ces viscères et d'agir sur eux ; l'élimination rapide de la quinine hors de l'organisme, surtout par la voie des urines; la dose insuffisante ; le catarrhe des voies gastro-entérites, qui empêche l'absorption ; enfin la plus grande susceptibilité individuelle à ressentir les miasmes. La quinine, selon quelques-uns, produit encore une action spéciale sur le nerf grand-sympathique, en l'excitant à l'opposé de ce que font les miasmes, qui en affaiblissent la puissance physiologique. Mais nous parlerons de tout cela plus en détail dans un autre travail.

taux, de maisons de secours. L'humanité demande qu'on pourvoie le plus tôt possible à tant de lacunes, surtout pendant les mois de juin et de juillet, époques de la moisson et du battage, travaux auxquels sont employés plusieurs milliers de paysans des autres provinces d'Italie, notamment de l'Abruzze et des Calabres, qui ne sont pas habitués à l'insalubrité de notre Campagne.

Ajoutons que plusieurs de ces malheureux sont atteints non-seulement de graves accès de fièvre intermittente, mais encore d'autres affections subites, telles que congestions cérébrales, insolations, sans qu'il y ait un lieu disposé pour un secours prompt et nécessaire, qui certainement les sauverait presque tous. Il est donc urgent de pourvoir à des nécessités si impérieuses au moyen du concours des communes, et plus particulièrement des propriétaires et des fermiers réunis en association. Il faut que, du moins pendant les travaux de fauchaison, de moisson et de battage des grains, on établisse, sur différents points de la Campagne romaine et de la province où les paysans se trouvent réunis en plus grand nombre, des stations sanitaires, formant une petite agglomération, ou à leur défaut des baraques convenables et pourvues de quelques petits lits, de quelques médicaments, des choses les plus indispensables, et surtout d'un chariot ou véhicule d'ambulance pour transporter les malades, tant dans ces asiles que dans les hôpitaux de Rome ou ailleurs, après que le médecin qui devra résider dans chaque station aura donné les premiers soins et préparé la guérison. Au moyen de ces mesures si utiles et si peu coûteuses, on soignerait les fièvres intermittentes, surtout les pernicieuses, en temps utile, on épargnerait à l'humanité d'autres maladies subites et beaucoup de victimes[1]. En fait, presque toutes les morts par suite d'accès pernicieux se produisent parmi les gens de la campagne, très-peu parmi ceux de la ville, parce que ces derniers peuvent sans retard recourir aux secours de la science.

Outre ces maisons ou stations de secours principalement destinées aux ouvriers employés aux travaux d'amélioration et de culture de la Campagne romaine, on ne pourra faire moins que d'établir quelques hôpitaux pour soigner promptement et comme il convient un certain nombre d'individus qui, pendant les travaux, seront certainement malades, parce que ce serait une chose bien difficile et presque impossible de les transporter à Rome, tant à cause de la distance considérable que parce que

1. Pour parer en partie aux inconvénients signalés, la municipalité de Rome a récemment établi cinq nouveaux postes médico-chirurgicaux sur différents points de l'*Ager romanus*, là précisément où se trouvent les paroisses dites suburbicaires : l'*isle Farnese, Campo morto, Ostia, Fiumicino, Torrimpiétra*. Je crois cependant que ces organisations, encore très-imparfaites, présenteront bien peu d'avantages, si dans ces localités et dans d'autres encore on n'établit pas des lieux de secours et des moyens de transport pour les malades, ainsi que nous venons de l'expliquer.

les hôpitaux de la ville manqueraient de place pour les contenir tous. Maintenant, il est inutile que je rappelle les règles d'après lesquelles on devrait fonder de semblables établissements, afin qu'il en résulte la plus grande utilité possible. Seulement je dirai que ceux-ci devraient être suffisamment vastes, placés dans la localité la moins insalubre et dans de nouveaux centres de population ; enfin, dirigés par une administration prudente, diligente et dévouée.

Dans les cas (qui, selon nous, ne devront pas être nombreux) où les fièvres périodiques, par suite de soins tardifs ou insuffisants, ou pour toute autre raison, se maintiendraient constamment en état de récidive, comme cela se rencontre quelquefois dans les fièvres d'automne ou dans la forme quartenaire, il faut se décider promptement à quitter les localités même peu infectées par les miasmes, et aller dans une autre où l'air soit pur et sain : *Fuge cœlum in quo ægrotaris*. Ce changement de climat sera également utile à ce petit nombre d'habitants de Rome qui, atteints de fièvres, n'ont pas su les soigner dès le principe et les ont rendues, de cette façon, obstinées. Ceux-ci pourront émigrer pour quelque temps à Tivoli, à Frascati, à Albano et sur d'autres points des collines du Latium, où, quoique des cas de fièvres miasmatiques se produisent, l'air pur est en général salubre, suffisamment frais, en même temps que le séjour en est riant, agréable par sa position élevée et par ses promenades variées, belles et ombragées. Mais les individus auxquels il peut convenir, plus qu'à tous autres, de respirer l'air pur de la montagne, sont les gens de la Campagne romaine, et tous ceux qui, après être restés dans une localité paludéenne, sont tombés dans l'état de cachexie précédemment décrit, état assez dangereux par la survenance d'autres maladies, et notamment d'inflammations aiguës de la poitrine. Pour que le changement de séjour soit vraiment efficace, il faut qu'il s'accomplisse au plutôt, et tant que la saison se maintient chaude. J'ai déjà fait observer que les fièvres intermittentes sont d'autant plus difficiles à combattre que la saison la plus chaude est proche de sa fin. Lorsque la fraîcheur de l'automne survient, les fonctions excrétives de la peau diminuent, surtout la transpiration et la sueur, qui contribuent à éliminer les germes miasmatiques absorbés. C'est là la principale raison qui explique pourquoi en automne les fièvres se montrent plus rebelles à tout traitement, comme l'affirme l'aphorisme de l'antiquité : *Febres autumnales aut longæ aut mortales* [1].

1. Pour l'utilité de ceux qui souffrent des fièvres périodiques, j'indiquerai ici une méthode de traitement que j'ai expérimentée d'une manière efficace pour vaincre les fièvres intermittentes opiniâtres, fussent-elles même des fièvres d'automne. On prendra d'abord un purgatif actif oléagineux, pendant ou après l'accès. Aussitôt que la sueur commence à se produire et l'accès à diminuer, je ne prescris pas moins de 16 décigrammes de sulfate de quinine divisés en huit portions à prendre, enveloppées dans du pain à chanter, chacune à une heure de distance, en

Pour que les gens de la campagne et les ouvriers qui n'ont pas le moyen de séjourner quelque temps dans un pays salubre puissent aussi jouir de ce bénéfice du climat en temps utile, ce serait une chose assez avantageuse d'établir quelques maisons de santé ou de convalescence, comme les *sanatoria* des Anglais aux Indes, dans une localité agréable, de bon air, telle que dans un village ou hameau élevé sur une colline voisine ou sur le bord de la mer, et de les pourvoir de ce qu'il faut pour vivre, afin que les convalescents et les fiévreux puissent y demeurer le temps requis pour recouvrer la santé sans courir de risques de rechute. Je veux espérer que la société ou les compagnies qui cherchent à se constituer pour entreprendre l'amélioration et la culture de la

buvant par-dessus de la limonade acide : enfin je fais prendre au malade chaque jour, en commençant au jour qui suit la fièvre, une liqueur amère préparée par transvasement et composée de *chiretta*, gentiane, bois de cassie, quinquina, et un peu d'écorce d'orange amère. J'ajoute 2 grammes de sulfate de quinine et autant de citrate de fer par 100 grammes de cette liqueur, dont je fais prendre plein une cuiller de table le matin, et dans les cas plus obstinés, une autre le soir dans un peu d'eau ou de vin, une heure avant le repas, chaque jour jusqu'au trentième et même au quarantième; cela n'est pas toujours suffisant; tous les six jours après l'accès, j'ajoute à ce traitement 5 ou 6 décigrammes de sulfate de quinine, ou bien je redouble pour ce jour la dose de la susdite liqueur amère, et, cette dose ainsi doublée, je la fais prendre aux sixième, douzième, dix-huitième et vingt-quatrième jour depuis le dernier accès. Dans les cas les plus rebelles, je poursuis le traitement jusqu'au quarante-deuxième jour, quelquefois même au delà.

Campagne de Rome considéreront également comme un devoir d'humanité de pourvoir de la meilleure manière et par tous les moyens possibles à la santé de leurs nombreux ouvriers. Il serait encore opportun que le gouvernement y prît aussi part, à l'aide de bonnes lois et de règlements sanitaires, en rendant les compagnies responsables de l'hygiène de tous les hommes qui dépendront d'elles.

Il n'est pas rare encore qu'un individu ayant éprouvé un accès de fièvre pernicieuse soit de nouveau atteint, après huit ou dix jours, d'un autre accès plus dangereux que le premier, quoiqu'il ait été soigné et en apparence guéri. En conséquence, les malades qui auront eu un premier accès de fièvre pernicieuse devront rester prudents pendant au moins sept jours, se conformant scrupuleusement au traitement prescrit par le médecin, et s'éloignant, s'ils le peuvent, de la localité plus infestée par les miasmes.

A l'égard des ouvriers, je rappellerai ici ce que j'ai déjà indiqué, c'est-à-dire la plus grande disposition de tous ceux qui ne sont pas nés et n'ont pas vécu dans un pays de *mal'aria*, à être atteints par les fièvres. Ce n'est pas que je veuille affirmer qu'on peut s'habituer à un air malsain, au point de se rendre tout à fait invulnérable aux maladies qu'il produit, ce qui ne s'est jamais rencontré, pas même chez les enfants nés dans ces localités, mais je veux dire que les nouveaux venus, et particulièrement les ouvriers employés à la culture, sont atteints des fièvres beaucoup plus facilement que les Romains, soit par suite de négligence de toute précaution, soit pour toute autre raison. Lancisi, Mayo et d'autres avaient déjà fait observer que le danger auquel sont exposés les étrangers, quand ils viennent dans une localité malsaine, est d'autant plus grand, que le climat de leur pays était plus salubre. Celse et Célius Aurélianus étaient de cet avis.

Des causes presque semblables produisent un autre effet également sanctionné par l'expérience : c'est que les Italiens des provinces supérieures, comme aussi ceux qui sont nés dans le haut pays ou dans la montagne, sont en général plus susceptibles que les méridionaux ou les montagnards de ressentir les effets des miasmes paludéens. On a observé à l'occasion des travaux des Maremmes toscanes que les ouvriers venant des montagnes de Modène et de Sienne étaient beaucoup plus atteints par les fièvres que ceux de la plaine. Les médecins de l'armée française avaient aussi remarqué que parmi les soldats en garnison à l'île de Walcheren, en Hollande, les méridionaux étaient ceux qui résistaient le mieux à l'action de la *mal'aria*. Il est encore prouvé que les Espagnols dans les Antilles et sur les côtes du Mexique sont moins sujets aux fièvres intermittentes que les Anglais ; et enfin que les nègres, comme l'affirme Boudin, vivent impunément au milieu de l'insalubrité des marais. Un avertissement pratique ressort de ces observations, c'est d'employer à la culture, et aux travaux agricoles de la saison d'été, la plus dangereuse dans la Campagne romaine, des hommes des provinces du centre et du sud, de préférence à ceux de la Haute-Italie et aux montagnards. C'est du reste ce que l'on a maintenant assez généralement l'habitude de faire.

Puisque les campagnards sont facilement exposés au danger de fièvres graves, il serait utile de substituer le travail des machines à celui de l'homme pour les travaux qui présentent le plus de risques à courir, et qui ont lieu dans une localité où l'influence de la *mal'aria* se fait le plus sentir. Des machines employées dans des campagnes vastes comme les nôtres produiraient certainement de grands avantages non-seulement au point de vue de l'économie, mais aussi au point de vue de l'hygiène; elles réduiraient considérablement le nombre des ouvriers qui succombent aux périls de la *mal'aria*, plus graves encore que ceux résultant d'un travail fatigant. Plaise au ciel que la manie de résister à tout changement des anciens systèmes agricoles s'affaiblisse, et que tous nos agriculteurs se décident une bonne fois à faire usage des machines agricoles, qui ont fait leurs preuves et ont donné de bons résultats dans tant de localités diverses d'Amérique et dans presque toute l'Europe ! Que ceux d'entre les cultivateurs qui n'ont pas hésité à en employer quelques-unes aient le courage d'en essayer encore d'autres, en se les procurant, bien entendu, modifiées et disposées pour la nature et la qualité de nos terres. Ils en retireront, comme conséquence, des bénéfices pour eux-mêmes et des avantages hygiéniques pour l'humanité.

Je donnerai encore un avis utile, confirmé aussi par l'expérience, à tous ceux qui, après être restés pendant quelques mois exempts de fièvres dans un pays de *mal'aria*, veulent aller pendant l'été dans les contrées plus salubres et plus fraîches : c'est de ne pas passer trop brusquement d'une région dans une autre. En effet, on a remarqué qu'à peine avaient-ils changé de climat, ils tombaient facilement malades de fièvres intermittentes produites par les miasmes précédemment absorbés pendant leur séjour dans les lieux malsains, et qui étaient restés en eux à cet état latent dont j'ai parlé. J'ajoute que le danger d'être atteint de la fièvre est d'autant plus grand que la contrée nouvelle est plus montagneuse et la température plus fraîche. L'irruption de la fièvre de *mal'aria* par suite du changement de pays est un fait fréquemment observé et souvent produit parmi les paysans passagers qui retournent dans leurs pays salubres, après l'achèvement des travaux dans la Campagne romaine. Ces malheureux se trouvent alors obligés de dépenser pour se faire soigner les dures épargnes obtenues par tant de fatigues et de sueurs, et destinées à soutenir leur famille. Il en est de même pour nos soldats qui de la Sardaigne ou d'autres lieux insalubres vont à Turin ou à Milan. Peu après leur arrivée, un certain nombre, atteints de fièvres périodiques, entrent à l'hôpital, fait tristement avéré encore pour les bataillons provenant de la plaine de Cosentino. Ces faits étaient déjà connus des écrivains anciens ; Celse lui-même avait donné les mêmes avertissements, et parmi les écrivains postérieurs je citerai notamment Donis [1]. Par conséquent, pour se mettre à l'abri du danger causé en été par le passage trop rapide d'un climat malsain à un autre plus salubre, il sera utile à tout individu, qui aura séjourné quelque temps en été dans la campagne de Rome ou dans tout autre pays de *mal'aria*, de s'arrêter dans quelque localité intermédiaire, pour s'habituer aux nouvelles conditions atmosphériques d'un climat pur et frais. On pourra ensuite passer dans un pays sain ou de montagnes sans grande crainte d'y être atteint de fièvre intermittente [2].

Ayant toujours été préoccupé du plus vif désir d'être utile de toute manière à la classe agricole et de ne rien négliger de ce qui peut concourir à son bien-être, je veux, avant de terminer le présent travail, adresser une proposition aux tenanciers ou grands fermiers et aux propriétaires de la Cam-

1. G.-B. Donis. *De restituenda salubritate Agri romani.* Florence, 1669.

2. Cantani, dans ses *Lectures chimiques sur la contagion de la mal'aria*, publiées dans le *Morgagni* (1873), établit que le change ment d'air détermine la fièvre, parce qu'il produit une plus grande activité végétative dans tout l'organisme, et par conséquent dans la rate, qui, recevant ainsi une excitation plus vive, augmente l'énergie de ses contractions, et renvoie en abondance dans le sang les germes miasmatiques qui se trouvaient accumulés dans ce viscère et y restaient presque à l'état d'inertie.

pagne de Rome, — *Ager romanus,* — afin que tant que dureront les conditions actuelles de *mal'aria* ils s'occupent à trouver les moyens de pourvoir eux-mêmes aux nécessités de la vie des ouvriers agricoles, même en retenant une partie de leur salaire, pour subvenir avec cette retenue aux dépenses qu'exige le but proposé. Il conviendrait donc d'assurer, comme l'a fait le comte Cavour dans son domaine de Léri, aux gens de la Campagne romaine des habitations salubres, des vêtements convenables et une nourriture saine et substantielle, conformément à ce que nous avons indiqué jusqu'à présent, afin que ces hommes conservent un organisme vigoureux, et étant bien protégés contre les variations atmosphériques puissent mener dans les localités malsaines une existence moins pénible et moins exposée aux influences nuisibles des miasmes. Le résultat hygiénique et économique de ces mesures prévoyantes serait prompt, certain, et très-satisfaisant. On verrait s'améliorer l'état physique des paysans, diminuer en peu de temps le nombre des malades et des morts, augmenter d'une manière sensible le travail produit par ces mêmes hommes. Je n'ignore pas que les systèmes d'agriculture de la Campagne romaine, les conditions imposées aux grands fermiers, et principalement la courte durée des baux, ne permettent pas d'introduire chez nous toutes les modifications capitales et vraiment avantageuses à la classe des ouvriers agricoles ; mais il faut faire le possible, se contentant de peu, pourvu que l'on fasse sérieusement quelque chose.

Chacun sait comment les ouvriers agricoles sont mal nourris, alors même que les aliments leur ont été fournis par les fermiers, — *mercanti di campagna;* — pis encore, quand ils sont fournis par les chefs mercenaires, — *caporali*, — sortes d'entrepreneurs qui font un marché honteux de ces pauvres gens. A l'époque de la moisson, la nourriture des gens de la campagne ne consiste qu'en pain, oignon, un peu de lard ou de fromage, de l'eau avec du vinaigre pour se désaltérer; bien rarement on leur donne un verre de mauvais vin mélangé d'eau. C'est là une alimentation insuffisante, mauvaise, n'ayant pas la quantité proportionnelle de principes plastiques ou albuminoïdaux nécessaires pour maintenir la vigueur des forces et réparer les pertes de tissu musculaire éprouvées pendant la durée des travaux extraordinaires de la moisson et du labourage. Ensuite, chaque soir, après avoir supporté des fatigues aussi immodérées sous l'ardeur du soleil, ces ouvriers ne trouvent pas tous un lieu de retraite, dans ces bourgades rares et dispersées qui mériteraient plutôt le nom de cabanes, et privées souvent de bancs pour se coucher. La plus grande partie de ces ouvriers n'ayant pas même de pareils lits, obligés de se trouver avant l'aube prêts pour le travail, couchent au milieu des champs, sur la terre nue, à la belle étoile, à peine couverts de vêtements trop légers et déchirés. J'ai déjà parlé des tristes conséquences qui en résultent : beaucoup de ces malheureux sont assaillis de graves maladies, surtout de fièvres pernicieuses, et plusieurs y succombent. Il ne faut pas croire que les victimes soient peu nombreuses. Elles sont si considérables, au contraire, que quelques personnes ne les évaluent pas à moins de 5 p.0/0 par an. Il serait bien temps que de semblables choses prissent fin, et qu'on se préoccupât sérieusement de ces véritables esclaves de la glèbe, privés de tout soulagement matériel, menés brutalement, et n'ayant rien de commun avec les autres hommes que la figure.

Je termine ici cette question que j'ai entrepris de traiter, en me bornant aux points principaux et du mieux qu'il m'était possible, dans la conviction que j'étais utile à quiconque, vivant dans les pays de *mal'aria* et plus particulièrement dans l'*Ager romanus*, suivrait scrupuleusement les règles et préceptes hygiéniques que j'ai exposés jusqu'ici. Je dois encore ajouter que, quant à l'observance plus ou moins rigoureuse on doit avoir égard d'une manière toute spéciale à la saison et au degré plus ou moins grand d'infection dans les diverses localités. Il suit de là que tous ceux qui demeurent à Rome pendant la saison d'été, où les effluves de la *mal'aria* qui s'y trouvent apportées du dehors sont légères, peuvent se soustraire à cette époque à tout danger s'ils se conforment scrupuleusement aux avis et aux précautions que je crois utile de résumer en peu de mots, plus pour ceux qui habitent depuis peu la capitale que pour les Romains :

Ne jamais s'exposer à quelque changement trop

15..

rapide de température ; éviter de s'arrêter, même pour peu de temps, soit à l'intérieur, soit au dehors, à un courant d'air ou contre le vent, si l'on a chaud ou même si l'on est légèrement en transpiration.

Porter toujours sur la peau de la flanelle, qui, bien qu'on puisse la quitter ici à Rome pendant l'été, présentera un grand avantage si on peut en continuer l'usage même en cette saison.

Ne pas sortir à l'air dans les soirées et dans les nuits fraîches et humides de septembre ou d'octobre, après être resté longtemps dans un milieu trop rempli de monde et trop chaud, sans se couvrir d'un vêtement plus épais.

Ne pas entrer brusquement dans des endroits très-exposés aux vents, ou frais, ou humides, comme les églises, les souterrains, surtout quand on est en transpiration et couvert d'habillements légers.

Veiller à ne pas être surpris par la pluie, à ne pas se laver le corps, ou se désaltérer avec de l'eau froide quand on est en sueur ou que seulement on ressent une forte chaleur.

Ne jamais se coucher le soir avec la fenêtre ouverte ou entr'ouverte, quelles que soient la chaleur et la sécheresse de la nuit.

Éviter soigneusement pendant l'été la brise du soir peu après le coucher du soleil, surtout si un vent frais souffle, ou s'il a plu. Ne pas s'arrêter longtemps en plein air, à ces mêmes heures, et ne pas rester assis sur les terrasses, encore moins dans un jardin, une villa ou tout autre lieu humide.

Se nourrir d'aliments salubres, substantiels, éviter les excès, autant que possible, les fortes perturbations de l'âme, préceptes hygiéniques convenables à tous et en tout lieu.

En cas de maladie avec fièvre, avoir recours sans retard aux conseils d'un médecin qui soit du pays.

En se conformant à ces prescriptions peu nombreuses et simples, les Romains, et surtout les nouveaux venus dans Rome, pourront être presque certains, sauf quelques exceptions, de se trouver à l'abri des fièvres intermittentes, et pour le moins de celles ayant un caractère grave et pernicieux. Nous serons encouragés à suivre avec exactitude et constance ces conseils, par la conviction que la santé étant le meilleur des biens de ce monde « mérite que l'on fasse pour elle quelques sacrifices. Avec elle, la moitié des malheurs disparaît, l'autre moitié devient supportable». (M. D'AZEGLIO, Lettre CXXXI.)

Quant aux hommes de la campagne, aux vignerons et aux ouvriers occupés aux travaux des champs, leur position est bien différente. Ceux-ci, je veux le répéter encore, étant exposés au danger imminent de tomber malades pendant les mois les plus malsains, il est urgent de trouver les moyens de les préserver, autant que cela se peut, des influences funestes de la *mal'aria*, en les faisant profiter de toutes les ressources que la science et l'expérience conseillent, comme nous l'avons exposé dans cet écrit. Et puisque les ouvriers et plus encore nos paysans,—*compagnoli*, — comme toutes les personnes incultes, s'occupent peu de leur santé, on devra leur rappeler avec persévérance et leur inculquer ces préceptes et ces prescriptions ; on les soumettra autant que possible, même malgré eux, à un règlement sanitaire méthodique et rigoureux. De cette façon, tandis que nous verrons s'améliorer la trop triste condition agricole et hygiénique de la Campagne de Rome, nous aurions la satisfaction d'avoir non-seulement accompli un devoir d'humanité, mais d'avoir aussi encouragé dans une certaine mesure l'amélioration morale et physique de la classe la plus pauvre, mais la plus nécessaire à notre existence matérielle.

FIN

TABLE DES MATIÈRES

III

IV

FIN DE LA TABLE DES MATIÈRES

Sceaux. — Imp. M. et P.-E. Charaire.

Sceaux. — Imp. M. et P.-E. Charaire.

BIBLIOTHEQUE NATIONALE DE FRANCE
3 7531 03988218 9

www.ingramcontent.com/pod-product-compliance
Ingram Content Group UK Ltd.
Pitfield, Milton Keynes, MK11 3LW, UK
UKHW020111200726
13856UKWH00002B/485

9 782011 902924